Ein Spaziergang durch

die deutsche Kulturgeschichte

莱茵文化的 ✦ 精神肖像

行思德国

向南 著

上海人民出版社

序

  本书是一位中国年轻女子游学德国的记录，但它不是一本普通的游记，也不是一本学术笔记，毋宁说是二者的结合。作者聚焦德国的文化现象，从历史社会、政治经济、科技工业、哲学艺术四个方面选取有代表性的事件和人物，做了简明扼要的描述，其间穿插一些有趣的故事。她心中有一本德国近现代的文化史，足迹所到之处，抚今思昔，浮想联翩，记下自己的感触和思考，也为我们绘制了一幅德国的文化地图。

  在世界近现代史上，德国的文化崛起是一个引人注目的现象。自18世纪中叶起，德意志由一个落后地区迅速发展为一个文化大国，进发出巨大的创造力。在将近两个世纪里，德语国家和地区向世界贡献了该时期天才人物中的大部分，这里只需开列一个不完全的名单，就足以让我们形成一个深刻的印象了。文学：歌德，席勒。哲学：康德，黑格尔，马克思，尼采，胡塞尔，海德格尔，维特根斯坦。社会学：韦伯。心理学：弗洛伊德，荣格。音乐：巴赫，亨德尔，海顿，莫扎特，贝多芬，舒伯特，勃拉姆斯，瓦格纳。生物学：孟德尔。数学：高斯。物理学：亥姆霍兹，赫兹，伦琴，普朗克，爱因斯坦，薛定谔，海森堡。我们看到，无论是在哲学人文领域，还是在自然科学领域，德国天才都谱写了改变历史的新篇章。

人们常说，德意志是一个哲学的民族，擅长抽象思维。德国人在哲学、交响乐、理论物理学三个领域做出了最突出的贡献，而我们的确可以说，交响乐和理论物理学在一定意义上也是哲学，二者的根源甚至还都可以追溯到康德哲学。在本书中，作者对作为纯粹器乐曲的交响乐与康德哲学的关系有很好的说明（"一种人类先天认识形式能够直接解读的音乐"）。然而，与此同时，我们还发现，德国人又是一个极其实干的民族，只要想一想"德国制造"就可以明白，一个多世纪以来，从帕金的染料，拜耳的制药，到西门子的机电设备，克虏伯的钢铁铸造，本茨的汽车，蔡司的镜头，德国人还引领了工业和技术的发明。

18世纪中叶以前，德国一直处于四分五裂的状态，由上百个小公国组成，竟然在短时期内崛起得如此辉煌，不能不令人惊讶。究其原因，也许有赖于两大力量的交集，一是普鲁士开明君主弗里德希二世厉行的变革，二是温克尔曼、沃尔夫、莱辛等启蒙思想家对人文主义的大力倡导。在那以后，文化兴国成为朝野共识。19世纪初，在威廉·冯·洪堡领导下进行的教育改革，更是对文化崛起起了决定性的推动作用。其主要措施有三：一、建立普及义务教育体制，设立公共图书馆，提高全民文化素质。二、中学教育实行双轨制，高级文科中学注重古典人文教育，培养精英预备人才。三、创办研究型大学，坚持学术的独立品格，由此逐渐形成了现代意义上的知识精英阶层。

依据本书的内容和我自己的一点粗浅了解，我对德国的文化崛起及其原因做了以上的介绍。作为一个中国人，作者在叙述德国历史时会不时进行比较和自省。比如，古腾堡发明印刷术比宋代的毕昇晚了几个世纪，为何毕昇的发明没有改变中国的知识格局，而古腾堡的技术却改写了欧洲历史？又比如，洪堡建立向全民开放的考试制度，它与中国的科举制度有相似之处，为何我们却出不了像黑格尔、韦伯这样的天才？倘若把这类小的追问汇集起来，我们就有必要进行一个大的反思。中国古代文化灿烂，向世界贡献了孔子、老子、庄子等文化伟人，唐诗宋词等文化瑰宝，同时期的德国则十分落后，在中国的汉代，日耳曼人尚是游牧部落，直到中国的清朝前期，德国还是许多分散的小公国。可是，近代的情况恰好相反，中国没有再出现世界性的文化伟人，原因究竟何在？不过，这个问题太大了，岂是一篇短序能够讨论的，唯愿读者诸君在阅读本书时偶尔把它想一想。

2017 年 5 月 18 日

目 录
Contents

匠 心（科学工业）

群 星（哲学艺术）

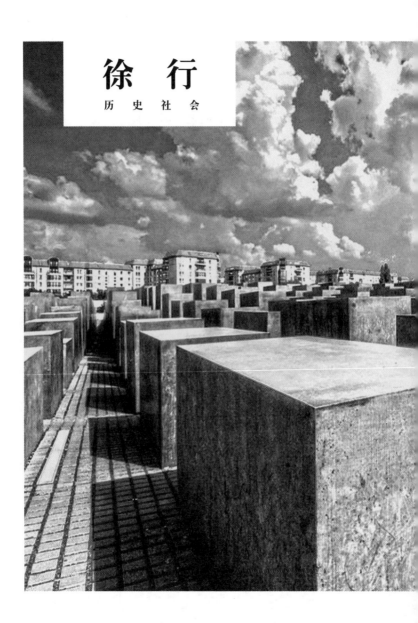

徐 行

历史社会

很难定义德国文化究竟是什么。是十月金秋的啤酒麦香，是单手可握八支啤酒杯的德国厨娘，是柏林墙倒塌后横贯南北的地上疤痕，是黑森林的蛋糕与布谷钟，是圣诞树下五颜六色的礼物，是雄伟的哥特式教堂内虔诚祷告的老先生。钟声敲响，凝霜的玻璃上映出万家灯火，佳节如期而至。

追溯德意志历史，德意志的拟人格——日耳曼尼娅女神，已为德意志文化代言千百余年。她戎马倥偬，血色浪漫的过往也正是德意志历史最真实的写照。诞生于森林蓊郁之间，日耳曼尼娅女神性情如松柏一样坚毅，又有着如莱茵河谷一样美丽的容貌，她曾沦为罗马阶下囚，也曾独行于丛林河谷之间；她继承了查理曼大帝的宝藏，也挑战过神的权威。女神能歌善舞，性格爽快，与姐妹伊塔利亚

（意大利女神），奥蒂莉亚（奥地利女神）时常携手出游，欢歌畅饮。无忧无虑的岁月太过短暂，女神必须承担起国家的责任，于是她换上战袍，御驾亲征，昔日的姐妹兄弟不肯相认，作为国家主义的象征，日耳曼尼娅女神变得冷漠无情，她不相信友谊，她只能相信权力。被孤立的日耳曼尼娅以为这只是问鼎巅峰桂冠时的高处不胜寒，却不会预料到有一日她会被自己燃起的战火毁灭。烈火中的日耳曼尼娅终于想起，日耳曼本以青松林木为身躯，以冷清泉水为心神，企图以烈焰称霸欧洲最终落得如此下场。

涅槃后的日耳曼尼娅女神不再以真身示人，她默默隐退回养育了自己的森林，化身做一株株松柏，用宽厚的身躯封锁住血色历史的出入口，用嘹亮的沉默警示后人这段历史不可重复；她用挺拔的身躯擎起战后德国的一方蓝天，还绿水青山本来的宁静；她化作千千万万德意志女性，用温暖与爱抚育了新一代德国人，用双手将断壁残垣中仅剩一口气的德国抢救出来，在压力下工作，在罪责中反思，最终用真诚与勤劳重新建立了德国文化的信心，重返欧洲，被世界拥抱。

　　战后的德国仍面临诸多机遇与挑战。女性权利意识的觉醒，为恢复重建而引入的土耳其工人，柏林墙倒塌之后遗留的社会融合问题，环保与经济发展的权衡，人道主义救援与难民恐慌等一系列社会问题也考验着德国的社会责任感与公民意识。经历过痛苦的历史，德国人极看重"国民勇气"的培养，让年轻人自幼便懂得坚守良知的重要。在不公面前敢于发声，在不义之中敢于挺身，在这个复杂多变的世界中，敢于面对内心最真诚的呼喊，这已成为现代德国文化中最核心的内容之一。

　　大雪安静地落下，无论荣耀与屈辱，无论沧桑与辉煌，都一并覆盖在洁白的善良之下，如圣经中许下的诺言，属于个人的救赎终有一日会在期盼中到来。

女神的祭坛：日耳曼尼娅

Germania 一词指代的内容颇广。有时它是片区域——古欧洲地图上指莱茵河以东，多瑙河以北的大日耳曼聚居地，详见塔西佗的《日耳曼尼亚志》；有时它是疯狂的野心——德意志第三帝国时期希特勒曾命帝国首席建筑师阿尔伯特·斯佩尔重新规划柏林，使之成为能匹配成为第三帝国称霸世界的"世界之都日耳曼尼亚"（Welthauptstadt Germania）；又有时作女神之名，曰日耳曼尼娅。

日耳曼尼娅的形象可以追溯到古希腊罗马时期。虽说彼时是诸神共生的时代，日耳曼尼娅却绝不敢和雅典娜相提并论：因为罗马是征服者，而日耳曼人则是被征服的蛮族。因此那个时期的日耳曼尼娅几乎一律带着愁苦、伤感的表情，身旁散落着折断的矛，破碎的盾，或是罗马的战利品。值得注意的是，罗马帝国早期时候的 Germania 在中文里应译作"日耳曼尼娅"，因为他多以男性囚徒的形象出现在钱币和塑像上。这些货币流通在日耳曼区，以此表示对罗马对日耳曼的征服。在公元 134—138 年哈德良时期发行的货币上，日耳曼尼娅则以女体示人，身着托加长袍，手执长矛。之后，在马可·奥勒留执政时期，日耳曼尼娅又恢复了灰姑娘的身份，折戟沉沙。

中世纪，日耳曼尼娅的形象鲜有出现。也许是因为那时日耳曼地区被强大的神圣罗马帝国疆域所覆盖，日耳曼的人格化形象则变得相对弱化。在巴伐利亚州立图书馆所收藏的神圣罗马帝国奥托王朝的末代皇帝亨利二世章选（Pericopes of Henry II）中，仍可以找到日耳曼尼娅和代表高卢、斯拉夫的女神一起出现的形象。她手指象征权杖的器物，以表示日耳曼地区政权的合法性。

在庞大却松散的神圣罗马帝国衰败的神坛下，日耳曼尼娅沉沉睡去。直到拿破仑战争席卷欧洲，日耳曼地区沦陷成帝国行省。此时，日耳曼尼娅以囚徒少女的形象出现，等待英雄的解救。

19 世纪的浪漫主义时期，日耳曼尼娅的形象开始被大量运用。其中不得不提的当属拿撒勒派的代表画家 Friedirch Overbeck 所绘的伊塔利娅与日耳曼尼娅（Italia und Germania）。1810 年前后，拿撒勒派逐渐成为德国浪漫派画系的一个主要团体，这些画家试图从拉斐尔所代表的意大利

《日耳曼尼娅》，菲利普·维特　作

中世纪和文艺复兴的宗教绘画中寻找灵感。图片中身着红白黑色服装、头戴橡叶花冠的少女与身着绿白橘色衣裙的少女面态安详，神似圣母，两人执手细语，似闺蜜谈心。日耳曼尼娅背后的景色为意大利城市风貌，而伊塔利娅背后则是典型的德国哥特建筑。在 Overbeck 的这幅作品中，日耳曼尼娅并非如之前一般作为德意志的政治形象化身，而是作为德意志的文化代言，是浪漫主义拿撒勒派向意大利古典文化的致意与示好。（题外话：歌德并不同意拿撒勒派的这种"溯源"，详见歌德《意大利游记》）

日耳曼尼娅在浪漫主义时期政治化最鲜明的作品出自另外一位拿撒勒派画家菲利普·维特（Philipp Veit）之手。作于 1834—1836 年的这幅日耳曼尼娅肖像已经"女神范儿"十足。头戴橡树叶冠，身着蓝色长裙，披着金色长袍的日耳曼尼娅脱去了少女的稚嫩，面容庄严，凝视远方。手中的长剑与盾牌象征王权，书本象征智慧，脚边的王冠溯回神圣罗马帝国时期，脚下的旌旗则是各个选帝侯的徽章。这个时期的德国正处于第一次"试图"统一的前夕，拿破仑战争结束后，德国又回到了诸国百家的分散状态，作为德国人格化的日耳曼尼娅则是一副沉默而为难的模样。神圣罗马帝国的荣耀，王冠的沉重，选帝侯的纷争……大权尚未在握，却已足够艰难。这一时期的日耳曼尼娅形象大量出现在绘画作品中，以用来表示对自由和统一的向往。受到法国1830年七月革命的影响，德国也试图想要建立一个统一的国家，于是在1848年的时候在法兰克福的圣保罗教堂召开第一次国民议会。在这次大会上，维特画了一幅巨大的日耳曼尼娅肖像置于教堂的管风琴之上，光芒万丈。这幅画作中，日耳曼尼娅一手执宝剑，象征权力，一手执黑红金三色国旗，表明女神之身份。脚下打碎的锁链象征一雪前耻，追求自由；胸前的双鹰盾牌代表帝国力量；而背后一轮红日升起，仿佛预示着法兰克福议会后那个德意志追求太久的统一国家。可惜，普鲁士国王弗里德里希·威廉四世拒绝承认君权民授，也就等于宣告德国第一次追求民主与自由的尝试以失败告终。女神的红日未能普照德意志大地，于是普鲁士宰相俾斯麦选择铁血沙场。

德意志第二帝国在铁血宰相的利刃中诞生，于是日耳曼尼娅也一改妆容，以战神姿态示人，成为帝国的代言人。她的形象变得硬朗，执剑配盾。时而以母亲的形象庇护幼子，时而登顶振臂，所向披靡。帝国时代的日耳曼尼娅出现在邮票上，雕塑上，明信片上，她成为德意志帝国的象征。民族国家的色彩愈发浓重的时候，日耳曼尼娅的形象就愈发鲜明。他们说她勇敢，果断，坚韧，聪慧，仿佛是带着德国人对自我的认知，日耳曼尼娅被德意志土地祝福着，也被受德意志战车碾压过的土地诅咒着。直到第三帝国，她的名字成为希特勒邪恶的野心，他要她要成为世界的中心，成为种族主义的终极定义。她被逼上祭坛，痴狂者还妄想这是永生的神坛。

日耳曼尼娅无言，她似乎从未能选择自己的命运。她记得那被罗马奴役的苦楚童年，臣服于神圣罗马帝国时代的不卑不亢；她从未忘记那些曾试图争取自由的梦想，铁血山河的寒秋苦夏，战争之后的民不聊生。

祭坛之上极目远眺。

是日落黄昏，愿后来者不再记得这血洗的名字。

日耳曼尼娅之名如今很少再被提起。对于年轻人来说，她所负载的帝国主义、种族主义和好战的标签太过明显，与今日之欧洲格格不入。由于德国历史的缘故，对于这类单一化的、充满神性的国家形象他们总是特别小心。记得有次偶然聊起，希腊有雅典娜（Athena），美国有哥伦比亚女神（Columbia），问德国姑娘你们有什么？姑娘认真地想了想，说，"Bieria？"……

（姑娘自己造词"啤酒女神"）

查理曼宝藏——亚琛：法兰克帝国之都

亚琛坐落在德国、荷兰、比利时三国交界处，自古以来以温泉著称，是北莱茵-威斯法伦特州的一座历史名城。德国人经常开玩笑说，亚琛是欧洲第一城。一则是因为按照首字母排序，亚琛（Aachen）永远名列欧洲城市之首；二来，这里曾是法兰克帝国的首都，查理曼时期整个欧洲的重心。法兰克人是什么人？查理曼又是谁？欧洲国家与基督教会的权利关系是如何形成的？法国、德国、意大利这些国家的曾经是怎样的？欧洲有没有过大一统的时期？亚琛这座城市尘封着许多欧洲孩童时期的秘密。它仿佛一册旧照片，古旧模糊的画质，微黄卷边的相纸，诉说着在今天看来依旧惊心动魄的神话与传说。

关于法兰克人（Franken）的历史要远早于德意志。作为西日耳曼族的一支，法兰克人在三世纪时才被第一次记录历史，他们由一些古老的部族组成，公元五世纪的时候在莱茵河下游一代居住，其中最大的两支部族，一族驻扎在今天的比利时，一族驻扎在今天的科隆。集天时地利人和，法兰克人主要以这两块地方为根据地，从低地国家（荷兰、比利时、卢森堡）向南推移，建立了自己的法兰克王国，这个强大的帝国在查理曼去世后瓦解，形成了今天欧洲主要国家如意大利、法国、德国等国家的原始雏形。法兰克帝国在公元八世纪时期达到全盛，择都亚琛，四通八达，盛极一时。可以说，在西罗马逐渐衰落后，法兰克人建国、称霸的历史成了西欧历史的主线之一。他们所留下的土地、政治、教育制度以及宗教关系为今日的欧洲奠定了主基调。到今天，法兰克人的语言文化依旧影响着欧洲的政治格局，例如法兰西正是源于法兰西亚（Francia）一词，又如法兰克福（Frankfurt）意味居住在河畔（furt）的法兰克人（Franken）。

公元四世纪初，西罗马式微，法兰克人趁机扩展领地，在墨洛温王朝（Merowingerreich）年轻领袖克洛维（Chlodwig）的带领下占领高卢地区北部及莱茵河下游一代，将西日耳曼其他部族几乎全部囊括其中。克洛维能够取得如此成功，最主要的原因是他改信了基督教。这对于平衡日耳曼人和被征服的罗马居民之间的关系十分有利。于是，在他的统治下高卢教会与法兰克人结盟，一举夺下整个高卢地区。

克洛维去世之后，子嗣不才，未能担起治国大任，自

法兰克国王、查理曼大帝（742—814）画像

分土地，放任国事，于是大权落在了各自分封国的宰相手里（宫相）。在群臣的斗争中，海利斯塔尔（Heristal）的丕平（Pepin II）胜出，在他的带领下法兰克王国开疆辟壤，继续向南拓展。丕平挟天子以令诸侯，碍于贵族势力和宗教压力，并未称帝，不过实权之大与帝王无异。714年，丕平去世，私生子铁锤查理（Charles Martel）当政，能征善战的查理率领法兰克军队在图尔战役中击退了阿拉伯人。这一战打的相当漂亮，不但挽救了面临沦陷的高卢，也可以说是拯救了西欧文化和基督教会，历史盖棺定论，称他为欧洲天主教信仰的拯救者。此外，查理的铁骑征战东西，打败了萨克森人、巴伐利亚人及阿拉曼尼人，将法兰克王国的土地向东扩张，巩固了帝国的统治，却依然没有称帝。

老查理去世之后，他的儿子矮子丕平（Pepin III）继任宫相。此时罗马教皇正面临伦巴底人的威胁，之前曾向铁锤查理求助，碍于盟约老查理未能出兵。如今江山易主，罗马教皇向矮子丕平请求增兵援助，正苦于没有战绩的丕平三世怎会错过如此好机会？不出所料，丕平果断出兵，将疆域扩展到了北意大利，帮了罗马教廷好大一个忙。这样一来，丕平三世所统治的领土横贯欧洲南北不说，他还买到教皇一张人情票，扫除登上皇位的最后一道障碍。公元751年，丕平三世逼退墨洛温王朝最后一代皇帝，自封为王。罗马教皇派大主教在巴黎为丕平加冕，自此法兰克王国进入卡洛琳王朝（Karolingerreich）时代。眼光长远的丕平三世帮教皇扫清敌对之后并没有将意大利南部伦巴底人的土地占为己有，反而是将这部分土地献给罗马教皇，形成了一个独立于欧洲其他主权的"教皇国"，直到1929年才被梵蒂冈城国所取代。

法兰克人进入意大利一代可谓是欧洲历史上的重要转折点之一。这时，来自欧洲北部的法兰克历史与驻扎欧洲南部的基督教历史终于相遇，君权与神权相生相长，巩固了法兰克王国强大的势力，也奠定了教廷千百年来能够维持他们精神权威的世俗基础。对于法兰克人来说，想要让帝国长治久安必须依靠基督教的强大精神支柱，而对于教廷来说，在西罗马衰败后必须快速找到一个可以依靠的军事力量来保证基督教会的统治基础。两股力量在意大利相遇，丕平三世通过接受教皇加冕承认神权的绝对权威，而教皇则通过接受丕平献土的政治意义来宣告法兰克君主的至高无上。然而，这本来是丕平与教皇各让一步争取携手统治的妥协方案，却给将来长达千年的神权君权斗争留下了伏笔。

将法兰克人与宗教之间的联盟推向最亲密阶段的正是丕平之子查理。查理身材高大，英俊潇洒，作为家族的长子，他一早便知道自己将要继承祖父和父亲所打下的江山，做法兰克人的领袖。据说，查理一生都在穿法兰克人的传统服装，以显示民族自豪感和认同感。作为权利继承者，查理从小就被要求学习拉丁语，他的拉丁语如同法兰克语一样流利，为了将来有一天能够在和罗马教皇的合作中派上用场。终于，在父亲丕平的努力下，罗马教皇与法兰克王权终于联合。公元 800 年，查理在罗马圣彼得大教堂接受教宗加冕，自此担起保护基督教会之责，也承担起将基督教推行到征服的每一寸土地上的义务。

查理能征善战，雄才大略，当时人们称他为"查理曼"（拉丁语源：Charlemagne），即查理大帝（德语：Karl der Große）之意。他征服撒克逊人，打败斯拉夫人，将法兰克王国的领土北至易北河，南抵西班牙，西望太平洋，东拦奥地利，疆域之广堪比罗马。如果说欧洲的历史充满了分裂、背叛与战争，那么查理曼统治下的法兰克王国可以说是欧洲人千百年以来最接近梦想的时刻之一。君临天下，他选择了温柔如水的亚琛作为帝国之都，开启了卡洛琳王朝的文化盛世。

查理曼将亚琛视为珍宝。为了将这座城市兴建成帝国的文化政治核心，查理曼将自己的皇宫搬到此处，另兴建了一座精美绝伦的礼拜堂。在接受教皇加冕当年，这座礼拜堂扩建成为欧洲北部第一座主教教堂。从公元 813 年到 1532 年，共有三十二位神圣罗马帝国皇帝在此接受加冕，成为中世纪欧洲的宗教政治圣地。在庞大的查理曼帝国中，这座精美的城市就如同罗马一般举世闻名，来自帝国不同地区的文人雅士争相拜访亚琛，为城市的建设与规划出谋划策。如今漫步亚琛城中，仍能见到许多综合了东罗马和西罗马风格的建筑物，想必在当时可称得上是国际大都市了。公元814年，查理曼在这座他最心爱的都城中与世长辞。一生戎马倥偬，从少年时代起就随父亲征战南北，驰骋疆场，纵使加冕为帝王，也逃不脱生死轮回的圈套，选一抔黄土永享安眠。帝王将相，寻常百姓，不论一生要走多少土地，拥有几万江河，到临了辞世时，也只能守住一角星空。在那个寒冷的正月雪夜，查理曼告别了他倾尽一生心血的法兰克帝国，在他的信仰中朝圣天主，而在尘世中永眠。这座查理曼挚爱一生的城市也为他守住了一个法兰克国王永远的骄傲，他的儿孙在这里受洗、加冕、涂油而去，他所打下的江山与同教皇立下的誓言成为欧洲文明的主流色彩。

查理曼去世之后，帝国由子嗣们一分为三，而后又在战争与妥协中不断细分。在查理大帝之后，法兰克王国再也没有统一过。帝国不同的部分各自拥有了自己的语言，文化，习俗，生活习惯和聚居民族，逐渐形成了独立国家。加洛林王朝仍执管的两大块土地分别是西法兰克王国，即今天的法兰西，以及东法兰克王国，后世称神圣罗马帝国。在神圣罗马帝国的基础上，王朝更迭，邦国林立，居于北方的邦国普

亚琛大教堂

鲁士逐渐形成气候，成为在德意志地区最为强大的邦国之一。法国大革命期间，亚琛被法国占领；拿破仑战争后根据维也纳合约的规定，亚琛交归普鲁士管理，成为后来俾斯麦统一的德意志帝国不可或缺的重要部分。作为查理曼留在欧洲的宝藏，亚琛的地位犹如来自法兰克王国的传国玉玺一般，仿佛拥有了它便是名正言顺的欧洲之主。也许正是因为它特殊的历史地位，在二战期间亚琛也成为盟军主要进攻的对象，这座美丽的历史名城在炮火中几近成为瓦砾，面目全非。

无论如何，亚琛依旧是全欧洲的亚琛。在硝烟散去，欧洲重见天日之时，查理曼的子孙们又重新联合起来，为复原亚琛城捐款出力。今天，亚琛美丽的教堂已成为欧洲的标示性建筑，帝王依然安眠，曾经欧洲之主的威仪依然在教堂的穹顶上金碧辉煌。

查理曼之后的欧洲一直挣扎在为征服而剑拔弩张的悬崖边，然而直到受尽苦难，遍体鳞伤之后，欧洲诸国才终于在一体化的旗帜下握手言和。如今在西欧旅行，花20欧买一张车票，坐一小时的火车就能从亚琛到欧盟所在地布鲁塞尔。然而，从武力统一到和平一体化，查理曼和他的子孙们却走了一千多年。落日时分，准时开车，大教堂的钟声隐没在火车的轰鸣声中，随风而去，一路向西。

圣歌整年：德国的宗教节日

　　作为欧洲传统的基督教国家，德国的大多数节假日都与宗教相关。

　　拿出早期的基督教日历，就会发现"信对了教，纪念日每天都过"——这分明是按照圣徒纪念日编成的日历，天天都有要纪念的圣徒。在欧洲基督教漫长的历史中，宗教冲突和地域冲突不断，不同时期不同地方总有很多以身殉教的人。为了纪念他们，这些名字被写入日历，或以教堂的形式继续坚守着自己的信仰。后来随着欧洲的生活节奏加快，基督教的影响逐渐减弱，圣徒纪念日也失去了原本隆重的含义，而被筛选出来作为一些周日特别弥撒的主题。

　　如今，在德国最重要的基督教节日依然是圣诞节，一年中最早庆祝的重大基督教节日则当属复活节。

　　复活节，顾名思义就是庆祝耶稣基督上十字架受难之后又复活的节日。当然，基督教的历史太古老，耶稣基督生活的年代历法又比较混乱，没人真的记得耶稣基督到底哪天复活的（毕竟也没法证明耶稣真的复活了）。于是，第一位皈依基督教的罗马皇帝——君士坦丁大帝说，这么重要的节日，耶稣复活，万物复苏，干脆就定在春分后第一个满月后的第一个周日吧！考虑到古人是数着星星月亮过日子的，这对他们来说应该不算难记，但可是苦了现代人，有雾霾的晚上哪还看得到星星月亮，所以现在复活节的日期在很多基督教国家没法统一。

16世纪德国宗教改革后，基督教派内天主教和新教分家，也分别在德意志的邦国内拥有众多信徒。为了以示与传统天主教的分别，新教徒大多选择过耶稣受难节（Karfreitag）。根据圣经里面记载，耶稣基督受难之后第三天复活，所以耶稣受难节要比复活节早个两三天。于是在今天德国新教徒和天主教徒共处的联邦州，这两个节日都算作公共假期，中间再请两天年假，加上个周末，可以度个小长假了。

又根据圣经记载，耶稣基督复活后第50天差遣圣灵降临，门徒领受圣灵，开始布道。于是在复活节之后的第五十天，也就是德国第二个重要的宗教节日，即圣灵降临节（Pfingstfest，源自古希腊语 Pentekoste，意为五十，因此圣灵降临节又称五旬节）。在圣灵降临节的前十日，是耶稣升天（Christi Himmelfahrt），后十日则是基督圣体节（Fronleichnam），这三个节一般算作一组，市镇上会有一些集市和表演，教堂也会准备隆重的弥撒进行庆祝。圣灵降临节一般是在五月中旬，所以节日上总会有些夏日气氛。在中古世纪的欧洲，王公贵族，贵妇小姐们会从闷热的宫殿里走出来围观角斗士的厮杀表演，或是骑士的马上比武，算是夏日社交的一部分。不过由于这些节目太过血腥暴力，在16世纪之后被教会明令禁止。至于平民百姓就随意很多了，逛逛集市，会会朋友，在广阔的草地上溜溜牛赛赛马。直到现在，在圣灵降临节造访一些德语国家，仍能在街上遇到打扮得花花绿绿的牛。

其实在圣灵降临节和复活节之间，德国人还要过一个重要的节日——和我们一样，在德国也要过五一国际劳动节。但这里说的并不是劳动节，而是五一节。五一节在欧洲的历史颇为久远，最早的起源也和宗教相关。早期五一节的庆祝形式比较混乱，罗马人、爱尔兰人、法兰克人都有不同的庆祝方式及理由，直到9世纪左右，查理曼大帝将五月节（Maifest）定为夏季重要的节日庆典之一，这个传统才渐渐延续下来。相传在每年五月一日，女巫会带着她们的扫帚和猫上山相聚，与魔鬼共饮共舞。在黑暗的中世纪，女巫被视为魔鬼的使者，不祥的象征，愚昧的民众认为审判女巫能够解救挣扎在黑死病和贫困中欧洲，于是大规模猎巫、火刑等惨案发生，不堪回首。在巫师与麻瓜共处的现代世界里，这个节日被当做一种民俗文化保留下来。人们依然会在小镇举行篝火大会，放烟火，在夜幕降临的时候竖起恶名昭著的五月柱（以前是用来烧黑猫和女巫的），然后一把火点燃，将前半年的坏运气和不顺利统统烧掉，下半年又可以重新开始。

至于为什么女巫要在五月一日上山跳舞，我们不得而知。在德国读书的时候，朋友邀我去海德堡看烟花，并讲了五月节的由来。我们问了一些人，却仍不知道五月女巫聚会的传说究竟是何来源……有老奶奶打趣的说，你们可以晚上上山问问女巫。只是，那晚山上没有女巫跳舞，我们却见到了烟火辉映下，如同被施了魔法一般美丽海德堡。

仔细想来，其实亚洲也有在夏季驱魔避邪的传统。中国五月初五端午节，我们会烧艾草剪彩纸，这本是来源于仲夏瘟疫流行，古人试图以驱魔驱鬼的形式求神灵保佑健康平安。日本京都著名的七月祇园祭也是由于想要请求神灵消除瘟疫，祈求洁净。想来欧洲可能也是如此——夏季高温，蝇虫滋生，瘟疫很容易流行。古时医疗水平有限，只能把这种大规模的非正常死亡认为是魔鬼作怪，于是无论亚洲或是欧洲，就都有了夏季驱魔避邪的传统吧。

到了 18 世纪，国际无产阶级运动风生水起，于是五一劳动节也逐渐取代传统的女巫节成了德国另一个重要的民事节日。在德国，有一些城镇为了保留传统民俗，将女巫节提前了一天，所以在某些联邦州这个 Maifest（五月节）其实是在四月的最后一天过的。

经过夏季的酷暑，秋季的丰收，漫长的冬季降临。与雪花一起降临的，还有充满希望的降临节（Advent，拉丁语意：来临）。降临节在德国也是非常重要的宗教节日之一，进入降临期，就意味着进入了倒数圣诞节的准备期。等待耶稣基督降临，于基督教而言，就是等待着救赎与光明。进入十二月，大大小小的圣诞集市也陆续热闹起来。烤香肠（Bratwurst）、热红酒（Glühwein）、肉桂面包（Zimtrolle）、苹果卷（Apfelstudel）、罂粟花籽蛋糕（Mohnkuchen）、心形姜饼（Lebkuchen）……寒夜冷风中抱着热腾腾的饮品和食物，胃里、心里都暖融融的。

降临节始于圣诞节的前四周的周日，也被称为第一主日。降临节的传统之一就是降临节花环，一般会用松枝和花朵围绕四只蜡烛编制而成。每一个主日（圣诞节前的周日）点燃一只蜡烛，四大主日过完之后，圣诞节就来临了。这样的倒数方式被赋予了丰富的宗教内涵，比如第一主日主题为醒悟，第二主日悔改，第三主日喜乐，第四主日平安……但是对于小孩子来说，一周一周数着日子等圣诞节实在太难熬了，等不及第二天就有圣诞老人来送礼物。

等待，是成长过程中极重要的一课。播下去的种子不会立刻发芽，孩子不会一天就长大。人因等待而成熟，文化也因历史沉淀而独具韵味。要想小孩子学会这一课，从降临节到圣诞节的等待就是很好的练习。在德国，父母为小孩子准备了一份降临节礼物，叫做降临节日历（Adventkalender）。这种日历一般都是由24个盒子或者口袋组成，每个盒子里有一块巧克力或者糖果，味道不同，大小也不相同，每天只许吃当日的那一块。如果放到阿甘正传里，这盒巧克力大约就是人生的隐喻：你永远也不知道下一块是什么滋味。在等待和惊喜中，我们终要长大，圣诞也如期而至。

庆祝圣诞节的重要环节之一就是装饰圣诞树。圣诞树的传统是从15世纪的阿尔萨斯一带开始流传的，是德意志地区的传统民俗，也是德国文化输出最成功的案例之一。早期德国的圣诞树上挂的都是土豆香肠一类的装饰物（参见歌德的日记，可能那时土豆香肠最为珍贵吧），想必美观程度肯定不如现在……到了19世纪早期，装饰圣诞树的传统流传到法国和英国。圣诞期间，皇室还会在宫殿里为圣诞树留下特定的位置，派人精心装扮，用于参观和摆放礼物，极大提升了圣诞树的颜值。商品化的世界总是这样，包装漂亮才卖得出去——19世纪晚期，美国和加拿大也开始学习法国和英国装饰圣诞树，并将之推广向全世界，于是在很多非基督教国家也会将圣诞树作为重要的象征符号来庆祝圣诞节。同样重要的圣诞象征物还有马厩——耶稣基督的出生地；绵羊——象征温顺和救赎；星光——象征希望；圣诞袜子——乖孩子才能得到礼物；以及圣诞老人尼古拉斯和他的红鼻子驯鹿鲁道夫（据说圣诞老人是北欧文化输出，芬兰、瑞典、挪威三国分别都宣称自己才是圣诞老人的祖国）。

圣诞节除了庆祝耶稣基督降生的宗教意义，在德国历史中还有特别的政治文化地位。在二战之后，东西德被分区占领，柏林墙隔断东西之后，邮件无法互通，往来受到限制。然而在德国这灰色的28年历史中，只有圣诞节是唯一的例外。在降临节之后，因政治原因而分居东西德的家庭可以互相寄送礼物和卡片，只要在信封上写上"礼品，非贸易用途"的字样，就可以递送到东德邮局，派往西德的亲戚朋友家里。同样，东德居民也可以收到来自西德亲友的礼物、贺卡和照片，抓住这唯一的机会再"团聚"一次。高墙沟壑也许能隔断国土，政治对立也许能拒绝沟通，但却永远无法阻隔亲人朋友之间的思念。

究竟还有多少人了解传统节日的由来并不重要，重要的是，在这个快节奏的社会中能珍惜每一次和家人团聚的机会。翻阅历史，这些宗教节日设立之初，为的是建立人与神的纽带。而到了宗教色彩渐渐褪色的现代欧洲，这些节日乃是亲友共度的独家回忆，是一个人独面风浪后稍息片刻的港湾。不信基督教未见得不能过圣诞，身在异国他乡未见得不能过中秋，我们追溯传统不是为了回到过去，而是为了在多重文化影响下，更好的面对未来。

因信称义：马丁·路德与宗教改革

在新联邦州（前东德：勃兰登堡州、梅克伦堡-前波美拉米亚、萨克森州、萨克森-安哈尔特州及图林根州），每年十月的最后一天是宗教改革日，为了纪念1517年10月31日马丁·路德在威登堡提出《九十五条论纲》，开启欧洲宗教改革运动，创立了新教，在欧洲文明史上开创了一个新纪元。

所谓"新教"，顾名思义，是针对"旧教"而言的。那么在路德改革之前，流行欧洲的这个"旧教"到底是什么呢？要弄清楚这个问题，还是最好回到公元之初，顺着欧洲历史的脉络分辨一下基督教（Christianity）、天主教（Catholicism）、路德创立的新教（Protestantism），以及我们经常听说的东正教（Orthodox）到底都是怎么回事。

课本里常说，基督教、伊斯兰教、佛教并称为世界三大宗教。这三个宗教可以放在一个等级上做比较是因为他们是三个是完全不同的宗教体系。他们宗教教义不同，对信徒的期许不同，所信的精神领袖也不同。在这三个宗教下面，还有许许多多的分支。对于基督教而言，最主要的三个分支就是天主教、东正教和新教。

基督教，从字面上看，就是信仰耶稣基督的宗教。在希腊语里，"基督"的意思是"受膏者"，指的是以色列国的国王。据说，由于中东地区气候干燥，皮肤容易龟裂，国王即位的时候必须涂抹油膏，象征救赎，和希伯来语里的"弥赛亚"一样，都是被涂油的救世主的意思。因此可以说，但凡相信耶稣是唯一的救世主的人，就都是基督徒。在这一点上，基督教的三个分支天主教、东正教和新教可以达成一致共识。

基督教产生之后不久，耶路撒冷被占领。于是教会的中心也随之向西迁移，转移到罗马帝国的首都，建立"罗马公教"。在这段时期里，由于基督教宣扬耶稣基督是唯一的救世主，与罗马帝国当时流行的偶像崇拜和多神论相冲突，导致了两方冲突不断，直到公元325年，罗马皇帝君士坦丁大帝皈依基督教，继承者狄奥多西大帝将基督教的主要教派"罗马公教"确定为罗马帝国的国教，至此，基督教成为西方宗教主流。公元380年，狄奥多西一世使用"天主教基督徒"来称呼信仰罗马公教的信徒，因此可以理解为：天主教指的是基督教中信仰罗马公教的一派，相信主是天下人的主。

公元5、6世纪，日耳曼蛮族入侵，罗马帝国分崩离析。

西罗马内忧外患，很快被攻陷。而东罗马依然维持着罗马帝国的荣誉与尊严，定都君士坦丁堡（今土耳其伊斯坦布尔）。帝国中心东移，可宗教重心仍在西罗马，难道要信仰基督教的东罗马皇帝跑到西罗马去祷告？东罗马帝国才不会那么傻——既然罗马已经沦陷，罗马公教也就不能再做我帝国的国教了。于是他们另择一教派立为国教，以此证明东罗马的神权最为正宗，即"东正教"。

由此看来，天主教的大本营在罗马，东正教的大本营在君士坦丁堡，两个教派最主要的分歧就是对圣经的解释权问题。两派都宣称自己对圣经的解释最权威，自己的权力是直接来自耶稣基督，为了圣经里面的一个逗号都能打得头破血流。不管怎么说，天主教和东正教都曾贵为东西罗马的国教，理应雍容尊贵。既然是国教，自然要有国教的风范，那么作为宗教仪式进行的主要场所，两大教派的教堂当然要一个比一个气派。如今去欧洲旅行，参观大教堂可谓是接触欧洲文化必不可少的一环。那些最吸引我们的教堂，外观震慑人心，内部富丽堂皇，精致华丽之极，让人叹服。这些教堂大多属于天主教或东正教。走进其中，如果里面五彩缤纷但圣象雕塑较少，主要崇拜的对象是耶稣母子，那多半就是东正教堂（大多位于俄罗斯及部分东欧国家）；如果教堂内部结构错综复杂，耶稣基督被钉在十字架上，两侧有无数圣徒天使的雕

1900 年的科隆大教堂

像，那多半是天主教堂（主要位于西班牙、意大利、法国及德国西南部）。在德国天主教堂中，最有名的当属科隆主教区大教堂。这世界第三大的哥特式教堂从13世纪一直修到威廉一世（1880）时代才修完，那一列列高耸的尖顶刺破云霄，塑像精美，雕栏玉砌，内存东方三王遗骨，彩绘玻璃远近闻名。登上钟楼，科隆全城臣服脚下，天地之间只有夏风猎猎，天主神威之下庄严肃穆。

赞叹教堂华美之余，我们总想要问问，这么宏伟的建筑，到底要花多少时间，多少钱才能建成啊？大约五百年前，实习僧侣马丁·路德也问过同样的问题。

1483年，马丁·路德出生在萨克森一户普通矿主家里，严父慈母，兄弟众多。17岁时，路德进入图灵根最著名的埃尔福特大学读哲学，随后又按照父亲的愿望读了法学。本应一路顺风进入社会精英阶层，一次偶然的意外改变了路德的人生。1505年7月2日，路德从住处返回校舍的路上忽然天降大雨，他差一点被闪电击中。情急之下他大喊矿工保护使者的名字："圣安娜！请让我脱险活下去！我愿意成为一名僧侣！"在拼劲力气发完此愿后，雨声果然减小，路德成功脱险，回到学校。为了还愿，他进入埃尔福特的奥斯定会修道院，成为一名正式的僧侣。这个决定让路德的父亲大发雷霆，他们一家本来也不是特别虔诚的天主教徒。父亲一向常反感教会的管理方式，三番五次警告孩子们不要过多掺和教会的事。

路德父亲对教会的态度在当时的德意志并不少见。自从天主教升级成为西罗马国教，西欧主流宗教之后，罗马教皇就垄断了整个西欧的信仰市场，异我必诛。信仰上一家独大，还经常凌驾于皇权之上，天主教会的势力越来越大，甚至到了无法无天的地步。据说，教皇亚历山大六世（Alexander VI，1492—1503）至少有十位私生子女，还多次干涉欧洲皇室的联姻和政治格局，而却也没人敢管他。可不是吗？教皇之上只有耶稣基督了，救世主都不管，地上的凡人哪有资格说三道四？由于天主教教区众多，每一个教区都希望建立一座绝对华丽的教堂与其他教区攀比，来提升自己的威望。

如路德所问，钱和人力从哪里出？

由于德国长期处于四分五裂的状态，罗马教皇、天主教会欺负德意志小邦国贫弱，皇权无力反抗教会，就拼命压榨教区人民，勒令信徒为教会捐钱。教会赚钱的模式可谓五花八门，有卖官卖教士职位的，有卖离婚凭证的，有卖教士／修女还俗证的。总之，出生要给教会钱，读书要给教会钱，找工作要给教会钱，结婚要给教会钱，离婚要给教会钱，下葬也要给教会钱……生老病死，婚丧嫁娶，这一辈子没有一天不给教会交钱。路德父亲最恨就是这个，他父亲一辈子老老实实，待人和善，定期去教堂忏悔祷告，可每一次教士都说"老先生你罪孽深重，唯有购买赎罪券才能被赦免，死后上天堂"。可惜当时印刷术不发达，人们普遍受教育水平不高，大部分人读不到、也读不懂圣经，能不能上天堂全凭教会说了算。老路德一辈子的血汗钱都花在这赎罪券上了，可临了，教士还在说，您罪孽深重，银币落入箱子的声音能让您的灵魂得到解脱。老路德踉跄着走向募捐箱，伸出哆哆嗦嗦的手，试图把最后一枚硬币塞进箱子里。他病的太厉害，硬币一下掉落在地上，轱辘辘滚到教士脚边转了两圈，吧嗒停住。老路德再没力气去捡回那枚银币，他两眼一翻，就这么过去了，到死也没听到银币落入箱子的声响。

教士冷冷的看着，面无表情的在胸前画了个十字，"阿门"，弯下腰把那枚硬币捡起来塞进了自己兜里。

路德父亲把这一切看在眼里，但在当时的社会环境下，大家都敢怒不敢言，谁也不敢和教会硬碰硬。路德父亲不希望自己的儿子以后成为吃人血汗钱的教会一员，因此极力反对路德进入修道院。路德对父亲说，自己要成为僧侣是为了救人的，"正如圣安娜怜悯我，让我活下来一样"，路德决心成为一名继承耶稣基督普世济人精神的教士。在修道期间，路德因为成绩优秀，荣获资格去罗马进修，亲眼目睹教廷奢

马丁·路德（1483—1546）画像

华至极，内心感到极其愤愤不平。他仔细翻阅圣经，考察关于基督教起源的诸多文献，发现基督教之初教会本不应该拥有如此之大的权利。从神学角度来说，只要满足圣经中所述"大赦原则"三条即可：澄清罪过、圣祭仪式中领取圣体（一块面包）和诵经祷告。这三条规定中，除了要参加教会组织的祭祀活动之外，其他两项均可自行完成，根本没有提到赎罪券的事。路德感到无比忐忑，倒不是因为他发现了教会无视教规教义的秘密，而是他认为，罗马教会的所作所为已经触犯了教义，在上帝面前是有罪的。而如果作为教士不指出此等恶行，他本人在上帝面前也是有罪的。

深思熟虑之后，1517 年 10 月 31 日，路德来到威腾堡大学教堂，将他总结的九十五条反对赎罪券买卖的论题贴在教堂正门之上，向来来往往的信众宣讲自己的理解和主张，正式揭开宗教改革的序幕。路德认为，当人们祷告的时候，不需要教士在中间做传话筒。如果基督无处不在，那么他自然能够聆听到所有人的祈祷，也能为所有人赦免，不需要天主教士在中间充当恩典分配者，教会更没有资格拣选谁能上天堂，谁去下地狱。路德说，基督教应当是"因信称义"的宗教，信仰之介于神与信徒之间，和第三方没有关系。教会是世俗中信仰的组织者，并不能充当施恩、拣选和豁免的角色。这一呼吁立即赢得了德意志各邦国的强烈支持，信众对教会不满已久，各邦国的选帝侯也想要抓住这次机会向天主教会要回被剥夺的土地。于是，支持路德的一派与天主教一派针锋相对，路德在这风口浪尖上显得颇为冷静，面对恶言恶语，他掷地有声："我不能愧对良心，愧对信仰，上帝的圣言不能被篡改，除非能由圣经提出证据说明我的观点错误，否则我不会屈服。"在这个时刻，路德所创立的新基督教与天主教正式分道扬镳。

与当时最大的权力体系对抗，对于路德来说，除了过人的勇气与坚定的信仰外，恰当的历史时机也必不可少。在萨克森选帝侯的保护下，路德藏身于在瓦特堡（Wartburg）的选帝侯区静居。在这期间，他着手翻译圣经，将希伯来语写成的旧约与希腊语写成的新约翻译成通俗易懂的德语版本。值得一提的是，在当时并没有"标准德语"，德国四分五裂的状态造成每个邦国甚至每个乡镇的方言都不相通，要理解彼此非常困难。相比之下，中国虽然幅员辽阔，方言众多，但秦朝一统之后规定了统一的书写方法，是为"书同文"，虽然口语很难理解，但至少文字可以沟通。路德翻译的圣经正起到了德文世界里"书同文"的作用。通过打破天主教会对圣经的垄断权，每个德国人都可以阅读到路德翻译的，通俗易懂的圣经，也规定了很多德语词汇的用法及基本语法。而此时，古腾堡发明的印刷术也正以燎原之势在欧洲迅速普及，路德翻译的圣经被印制成纸本，畅销德意志各邦国。

　　虽然在语言上，路德通过翻译圣经完成了德意志文化上的统一，但在宗教信仰上，德意志地区却分裂成南北两派。在北方，几乎所有王公贵族与臣民都信仰新教；而在南方，受到罗马教廷的控制，大部分地区依然信仰天主教。路德宗继续向北扩张，在新教独立之后不久，斯堪的纳维亚半岛的瑞典、丹麦、挪威都将新教定为国教。路德之后不久，英国亨利八世受到欧洲的大陆宗教改革的影响，也领创新的国教。马丁·路德引领的宗教改革彻底改变了欧洲的宗教格局，也由此开创了一种新的权利关系与生活方式。如今在德国东北地区参观，看到外观简单，内部陈设只有十字架和必要礼拜道具的教堂，不出意外应该就是新教教堂了。

　　新教的产生对整个世界历史与政治格局也产生了深远影响。除了德国之外，新教在亚洲、美洲和澳洲拥有诸多信徒。尤其是美国，有一半以上的人口都信仰新教，因此美国新教教徒在避孕、堕胎、同性恋等问题上政治主张也成为美国总统大选时一个极为重要的考量。对于中国而言，虽然最早进入中国是天主教的传教士（如利玛窦），但随着天主教影响力的收缩，宗教改革运动逐步扩大，19世纪初期来到中国的新教传教士逐渐多了起来，他们学习汉语，翻译圣经，在广东澳门沿海一代宣扬基督精神。于是，自然而然，在汉语世界里就将新教当作了"基督教"，所以今天在国内提到基督教，大多指路德改革后的新教（Protestantism）。

一醉方休：啤酒与啤酒节

德国人爱喝啤酒，这件事几乎世界闻名。关于欧洲饮食文化的笑话很多，其中最喜欢调侃的就是德国人对于酒肉的情结，连德国人自己也十分喜欢自嘲。在书店闲逛的时候看过一本书讲德国文化问答，其中在饮食那一栏里赫然写着"德国人只喝啤酒吗？"作者用了两页半纸写啤酒与德国文化的渊源，最后回答说："其实……德国人也喝水。"

尽管如此，德国的啤酒文化的确有被标签化的嫌疑。单从啤酒消费总量来看，捷克和丹麦人对于啤酒的热情似乎更胜德国一筹。而从所谓"啤酒纯酿法"的作用也被过誉，尽管这的确是世界上第一条食品卫生法令，然而几经修改，它早已不再是16世纪时所规定的只允许用啤酒花、大麦和水来酿制啤酒的那条法律了。只要稍微想想就明白，如果只允许用三种材料酿制啤酒，德国啤酒文化怎么可能兴旺蓬勃的又延续了五百年？这其中不过是政治和商业利益的角逐罢了。

无论怎么说，啤酒在德国文化中的确占有很重要的一席，在今天的酿酒大国里，中国和美国的啤酒酿造工艺大多来自德国，全球有三成的啤酒厂都有德国股东。德国本土将近1200家啤酒厂，其中700多家坐落在巴伐利亚。

作为世界上最古老的饮料之一，啤酒的历史可以追溯到公元前3500年前的新石器时代。在美索不达米亚平原的苏美人率先开始用粮食酿制啤酒，由于那时未能掌握熟练的啤酒酿造技术，能否制成可口的美酒全靠祷告和运气，于是酒精所带来的欢乐便与宗教神话紧密结合在了一起。公元前3000年，日耳曼人和凯尔特人将啤酒带到欧洲，发扬光大。然而罗马的征服者们并不喜欢啤酒，在他们看来，这种冒着泡、散发着呛鼻味道的饮料不太卫生，比起优雅的葡萄酒来简直臭不可闻。只有贱民才喝啤酒。可是，德国苦寒，不像地中海一样温暖宜人，葡萄酒在德意志地区并不如南部流行，驻扎于北方的罗马帝国征服者也只得捏着鼻子忍受啤酒发酵时的味道，与此同时也不停的改进啤酒的口味和酿制方法，让这种饮料变得可口。

进入中世纪以后，寺院僧侣为度过青黄不接的封斋时期，开始大量酿制啤酒作为代餐品，号称液体面包——既保证了营养，又不违反宗教规范。这一点和东方僧侣文化差异很大，我们总持着一种固有印象认为僧侣应当滴酒不沾，但是在西

慕尼黑啤酒节期间，人们聚集到特蕾莎广场外观看赛马活动

方，修道院酿酒文化则是一项古老悠久的传统。这也就解释了为什么啤酒文化在慕尼黑发扬光大：原来，这座城市是在本笃会修道院的基础上兴建起来的，慕尼黑（München）一词源于"僧侣的修道院"（Kloster von Mönchen），其酿酒传统可以追溯到 11 世纪。啤酒作为慕尼黑文化符号的历史源远流长，且不说一年一度的啤酒节，生活在这座城市中，总能看到一个身穿黑色修道袍的小孩儿出现在地铁和城市指南上。这个小孩儿左手双指向天，右手紧握圣经，这就是慕尼黑的市标"慕尼黑小孩儿"（Münchner Kindl）。16 世纪时，这个小孩儿手里拿的却不是圣经，而是一扎啤酒和一把甘薯，象征慕尼黑的农业和僧侣文化。直到近代，慕尼黑小孩儿受到未成年保护法的保护，不宜饮酒，于是他只好放下啤酒瓶乖乖摆出僧侣的 pose，在市政厅顶上看着沉醉于金秋十月的游人。

据说，慕尼黑啤酒节最初是为巴伐利亚王储的婚礼而举办的。1810 年 10 月，王储大婚，老国王集全邦之力宴请宾客，啤酒、肉香、音乐、篝火，这为时两日的狂欢让人终生难忘，因此也就成了巴伐利亚的传统节日。总固执地认为没有什么节日来得无缘无故，农业社会中的盛大节日大多与气候日照相关。比如圣诞当日并非真的是耶稣生日，而是因为从那时起北半球日照渐长，象征希望。又比如狂欢嘉年华总

1900 年的一张明信片，拿着甘薯和啤酒杯的慕尼黑小孩儿

在青黄不接前，吃一顿饱餐，然后进入漫长的等待。想来啤酒节大概也是一样，辛劳一年终于等到秋季丰收，金色的麦子酿成色泽澄清的啤酒；肥美的猪羊制成香气四溢的食物，在微醺与秋风中，犒劳自己一顿美酒美食，岂不快哉？

以"食"会友，人之常情。慕尼黑啤酒节上最大的看点也的确不在上百种啤酒，而是身穿巴伐利亚传统服装的老老少少。女生穿的叫做 Dirndl，由紧身马甲，白色衬衫，及膝长裙和一块围裙组成一套。当然还有相应的丝带和配饰及与围裙、马甲搭配的小皮鞋和袜子，一身下来紧致好看，勾勒出女性曼妙的身材。Dirndl 在阿尔卑斯山一带本是女性的传统服装，在巴伐利亚、奥地利尤其盛行，在列支敦士登的国民节日中她们还会带上列支敦士登特有的女生帽子，以示身份地位。作为巴伐利亚的重要社交活动，许多参加啤酒节的少男少女都努力打扮自己企图获得心上人的青睐。为了避免误会，参加啤酒节的女生大多会系一个花结在腰上，系在左边代表仍然单身，系在右边代表已婚或订婚，要穿 Dirndl 参加啤酒节的女士们千万不要弄错！

男士的传统服装相对简单的多，他们穿上皮裤（Lederhosen）和格子衬衫，就算是准备好参加啤酒节了。皮裤原本是男士用于狩猎和田间劳动时穿的阿尔卑斯山麓传统服装，因为皮子保暖而且一擦就干净，不用来来回回洗，耐磨耐穿，很受欢迎。参加啤酒节时，很多巴伐利亚服装店的大叔建议男生皮裤不要买太紧，以免要喝很多啤酒胀开，他们总会过度热心的推荐男士多买一条皮裤背带，说是"又好看又不怕餐前裤子掉下来"。大叔嗓门太大，隔壁的女孩子们听到后笑做一团。

现在随着传统行业逐渐淡出视线，古老的生活方式被现代化进程所取代，皮裤和 Dirndl 都只作为文化符号在啤酒节时出现，形成了独特的巴伐利亚服装产业。每年参加慕尼黑啤酒节的人数以百万计，慕名来购买传统服装的人也不在少数。与服装相配套的帽子首饰也五花八门，当不同肤色、不同瞳色的人们穿着设计精美的巴伐利亚传统服装涌入广场和餐厅时，整个慕尼黑仿佛又回到了两百多年前的那个秋风沉醉的夜晚。说着不同语言的人们相聚在一起，举杯高歌，只为今宵一醉方休。

森系日耳曼：德国人的森林情结与反对核能运动

据说，德语里最难翻译的一个词是"Heimat"。

1954 年德国书商和平奖得主卡尔·J. 布尔克哈特（Carl Jakob Burckhardt）在获奖致辞中说，Heimat 是"德语中特有的，无法在任何其他语言里找到通感的词汇"。作为同时通晓瑞典语，希腊语，英语，法语和意大利语的瑞士外交家及历史学家，大师这番话是有分量的。

难翻译并不代表不可翻译。Heimat 一词如今大多被翻译成家乡，故乡或祖国（Home，Homeland），指代"生你养你的那片土地"。但是，对于生于南山而长于北海的旅人来说，Heimat 不再意味着一城一镇，它变成了一种无法言喻的个人感情——是闯荡世界的脊梁，也是逃离世界的避风港。

根据塔西佗的《日耳曼尼亚》记载，日耳曼人最早是以森林为家的民族，他们敬畏森林，也依赖森林。于是也可以理解，起源于森林文明的日耳曼语言也蓊郁深邃，Heimat 之感自然同丛林紧密相连。森林是日耳曼式神话的起源，是黑暗与光明共存的圣殿。从条顿堡战役反抗罗马军队开始，日耳曼的命运便于森林紧紧联系在了一起。格林童话大多以森林为背景，而歌德、黑塞等德语世界的文学泰斗亦将感情藏在森林深处。由森林情结（Waldeslust）派生的一系列词汇也如同 Heimat 一样具有独特性，可称之为德语只可意会，不可言传的文化性词汇：如 Waldeinsamkeit（森林孤寂感），Waldsterben（森林之死）等词汇都很难直译。虽然德文构词简单，Wald（森林）+Einsamkeit（孤独）；Wald（森林）+Sterben（死亡），读起来貌似不难懂，可若非在德国生活过，很难体会其中的孤寂本真或切肤之痛。

德国浪漫主义画家，卡斯帕·弗里德里希（Caspar Friedrich）著名的画作《森林中的士兵》(Der Chasseur im Walde，1814）描绘的是拿破仑战争时期在森林中迷路的法国士兵。在法国士兵转身离开的画面正前方，两株断木赫然入目，行凶的砍斧还立在树桩上。整个画面阴森忧郁，悲伤难言，对于将灵魂藏在森林中的德国人来说，面对 Waldsterben（森林之死）简直比钻心剜骨还难以忍受。拿破仑战争摧毁的不仅仅是城墙堡垒，更是根植于日耳曼民族血液的精神家园。这种强烈的森林依赖感在法国人、英国人看来几乎不可理解，因为德国人不仅对自己国境内的森林无比珍视，甚至连海外的生态环境也成为他们关注的对象。

2011年3月，日本福岛核危机爆发之后，中国、韩国及东南亚沿海都受到不同程度的影响。而就政策层面上来说，受影响最大的却是德国。福岛危机爆发后次日，将近六万德国人上街游行示威，抗议即将在斯图加特附近建立的核电站。同周，民意调查显示，高达80%的德国民众标示政府应当废弃使用核能，采用新能源。迫于舆论和选举压力，同年6月，默克尔政府宣布德国将在2022年之前关闭境内的17座核电站，这也就意味着，德国成为福岛危机之后第一个宣布放弃核电的工业大国。

在很长一段时间里，我一直在思考为什么号称绝对理性的德国人总干这种一脑门子热，不管不顾的事。说好的理智呢？说好的逻辑呢？且不说福岛离德国有9000多公里远，就连邻国法国的核电也占了全国电力的72%，万一发生泄漏德国也跑不掉呀？但若是从自然情结深厚的德国文化角度出发，这一决定的确相当"德范儿"。

德国的反对核能运动几乎和核能的商业化同步展开。早在20世纪50年代，西德刚刚开始采用核能发电时，就有部分人出来抗议，质疑核废料的处理和污染问题。但由于战后经济重建需要大量能源，核废料污染的问题也就一直搁置，并未受到特别严肃的对待。到了七十年代，受中东石油危机的之累，整个欧洲的油价飞涨，几乎到了周末限行的地步。还好德国人在科技、工业行业比较灵光，加上政府的大力扶植，造就了 1950 年到 1980 年的德国核工业辉煌期。这期间受到 1968 年学生运动的影响，以环保、人权等议题见长的德国绿党应运而生，并成功叫停几座核电站的建设方案，算是绿党的早期成就。

然而德国反对核能运动的首次高潮却是在切尔诺贝利事件爆发的 1986 年。即使尚未见过切尔诺贝利鬼城的照片，就算对伦琴剂量毫无概念，但眼见着雀鸟四散，兔走狸蹿，那座百里之外的城市之惨状已仿佛亲身体验过。对于德国人来说，这绝不是苏联或乌克兰的国内问题，而是全人类应面临的责任。

他们看到的，也许是如卡斯帕·弗里德里希画作中那片渐渐死去消亡的森林——只是这次没有伐木的士兵，整个欧洲大陆遭受的是人类试图凌驾自然的天谴。根植在民族性格中的森林故土之感将反核浪潮推向巅峰。社会民主党（SPD）在同年八月通过决议，计划在未来十年内废弃核能使用，这也是德国历史上第一次正式提出废弃核能的议案。社会民主党的高调姿态也为它赢得了选票，1998 年，社会民主党和绿党组成联合政府，仿佛绿色的未来指日可待。然而由于废除核能后的高额电价，以及新能源的技术尚未成熟，联合政府决定将废除核能的议案推迟到 2022 年。党派更迭，民意不定，电价飞升的情况下，反对核能运动也好像议会门前的风铃，时不时叮当几声，刷一刷存在感。

2005 年，默克尔领导的基督教民主联盟再次成为执政党。莱比锡大学物理学博士出身的默克尔曾在柏林任联合国气候委员会的首任环境部长。以物理学家和政治家的角度看，默克尔相信德国此时废除核能是不明智的举动，她认为眼下应该做的是尽量确保核电的安全使用及解决处理核废料污染的问题，减少化石能源的使用，提高新能源的使用几率。如果因为潜在的危机而盲目废弃核能，也的确有因噎废食之嫌了。经过四年的努力，2009 年基督教民主联盟和自由民主党联合政府宣布，将德国境内的核电站再延长 60 年的使用寿命——这基本就相当于驳回曾经废除核能的决议了。正如西门子 CEO 长舒了一口气，在核电工业跟着政策动荡的这些年里，德国的核能工程师一直处于手足无措的状态。"面对全球气候变暖和德国日益增长的电力需求，核能仍然必不可少。"他们这样相信着。

就当德国核能似乎要重新开足马力，恢复发展的时候，2011 年福岛核危机爆发，德国政坛一下子炸开了。面对来势汹汹的反核浪潮，迫于 2013 年大选的压力，默克尔不得不紧急掉头，顺从民意，抢先绿党一步宣布 2022 年之前关闭德国境内全部核电站。做决策容易，兑现诺言难。截至 2014年，化石能源占德国能源消耗 70% 左右，核能仍占 10% 左右，而所谓的未来能源，德国日后的能源中流砥柱——可再生能源，仅占了不到 20%。如此看来，德国想在 2022 年之前用新能源彻底代替化石能源和核能，这几乎是个不可能完成的任务。如今德国电价已经涨到全欧洲第二，仅次于丹麦，可毕竟丹麦不像德国如此依赖电力来发展重工业……放眼德国政坛，关于是否又要重新恢复核电的讨论愈演愈烈。议会外抗议者疾呼"不能好了伤疤忘了疼！""永久禁用核能才是王道！"；而议会里党派代表，商业团体代言则苦苦申诉受高额电价之累；另一面政客要在选票、政绩和民族情绪中做出权衡，尽量找到一个折衷方案。

关于德国核电的未来我们无从预言，但我们对绿色运动的初衷充满敬意。这片维系着德国历史与神话的森林，也要看遍今日与未来。这是德意志民族的精神家园，它要万古长青，它要抚育千秋万代。

一杯僵局：柏林墙倒塌之后

以前住在柏林的时候，夜晚走过波茨坦广场，钻进地铁站之前，会在街边瞅准没人的时候蹲下来，悄悄摸一摸地上那道石线。旁边的铜色的小铭牌写着"Berliner Mauer"。在1989年之前的28年里，这是德国人不可逾越的高墙，它横亘南北，分割东西柏林。墙的一侧，重兵把守；而另一侧，涂鸦满墙。

这是德国历史的一道疤。如今人来人往，对这条线视而不见。人们忙着寻找柏林墙的旧墙砖，收集带着碎石的纪念品，仿佛那是一个已经过去的陈年往事，已经属于历史博物馆中展出的一部分。它倒塌了，却似乎仍牵扯着德国人敏感的神经。罗马不是在一天之内建起来的，柏林墙也不是在一天之内倒塌。

在那改写历史的夜晚来临之前，民主德国的政治已经受到了里氏6级余震的影响，而震源，直指莫斯科。20世纪80

年代，苏联总书记戈尔巴乔夫开始在苏联推行他乌托邦一般的改革政策。勃列日涅夫主义下的苏联承受着集权高压，而此时，如同一只巨大的高压锅，瞬间抽调了压力阀，爆炸掉了。苏联政治上的地动山摇，也摇碎了东欧诸国沉默的藩篱。

于是一大群"民主斗士"跳了出来，上街游行，举着大旗子，对台上那只已断了线的木偶嘶吼："我们要自由！"木偶毫无生气地歪在宝座上，玻璃眼睛咕噜噜的转了一圈，吧嗒一下，滚落到了斗士脚边。

台下一片欢呼。

东欧剧变。

借着苏东剧变的缘故，匈牙利开放了对奥地利的边境，奥匈帝国时期的昔日伙伴终于可以推开门彼此打个招呼。只是一个颇为蓬头垢面，只好讪讪一笑。东欧诸国内原本就是可以自由旅行的，现在这封锁的部落终于开了个口子，对西方充满向往或好奇的东欧人，也就顺着这个口子窥一下西欧风景。茨威格笔下繁华的欧罗巴再也回不来了，留下的只是冷战之后东西欧洲两端悬殊之极的心理落差。

民主德国的居民也终于有了渠道可以去西德，一墙之隔，却无法逾越。他们绕道斯洛伐克—匈牙利—奥地利，再绕回到西德。那个时候，没有人知道这道墙还要伫立多久，东西两德是不是永久的要分裂下去，他们只知道，但凡有机会到西德来，就绝不留在那个死气沉沉的土地上。那么没有机会去西德的人呢？他们做起了民主斗士。他们上街游行，控诉统一社会党的暴行，把自由的名号贴的金光发亮，如有神助。"我们是人民"（Wir sind ein Volk）这一口号，成了那个年代最鲜明的标记。年轻的学生们把青春订在了巨大的德国地图上，为的就是这"人民"二字。

于是，民主德国的40岁大寿成了闹场，在烈火如歌的青春面前，寿星老也只能悄声无息的收了宴席，躲回到尚存的权利幔帐后，独自吹了蜡烛。

由于大量的人口流失以及国内连绵不断的抗议游行，统一社会党决定也出台类似匈牙利的旅游政策，放松去西德的限制。党内委托忠诚的东柏林书记君特·沙博夫斯基（Günter Schabowski）宣布这一消息。于是，在1989年11月9日那天的国际记者会上，沙博夫斯基按部就班地念了上面发下来的稿子，等着赶紧结束招待会回家吃饭。问答环节时，一个记者问他，那这个政策什么时候生效？沙博夫斯基不知是不耐烦还是饿得心慌，随口就说："也许可能大概马上吧"（sofort，unverzüglich）。台下微怔，可他自己却毫无意识，打算收拾了公文包回家吃猪扒。回了家的沙博夫斯基刚坐定了，老婆端上来热气腾腾的土豆汤，就唠开了嗑。说是隔壁玛丽的妈妈问她今天晚上去不去柏林墙旁边看看，说是马上就能去西柏林了。她一直想在西柏林最大的购物商场KADEWE买一双小牛皮鞋。女儿的声音从厨房传出，叫妈妈给她带一只口红，要大红色的。沙博夫斯基一边往汤里加胡椒，一边听儿子接起哥们儿的电话，说是约定晚上八点半到柏林墙旁边集合，听说马上就能去西柏林了。一家人激动得热火朝天，吃饱了的沙博夫斯基了才意识过来：哎呀，党内好像不是那个意思。

覆水难收。

于是那天晚上，忧郁无比的沙博夫斯基熄了灯，坐在窗口，看着夜色路灯下自己熟悉的，不熟悉的人们涌向柏林墙。明明是黑夜，这些人仿佛在奔向黎明一般喜悦。他们聚在柏林墙东侧，翘首盼着大门在此时打开。守卫的官兵没有得到消息遣散人群，面对越来越多的聚众，他们打开了隔阂东西柏林四十年的大门，人群鱼贯而入。沙博夫斯基揉揉太阳穴，点了根烟，玻璃上映出烟蒂橙黄色的火光随着呼吸隐隐现现，好像被高压爆炸后的废墟上奄奄一息的火苗，不久就匿遁在黑暗里，升成一缕青烟。

柏林墙，就这样坍塌了。

好像撕开了密封的牛奶包装，理想主义历史似乎是要把德意志调和成一杯香浓的奶茶。可是，它似乎忘记看东德牛奶的生产日期，完全忘记这盒牛奶已经在冰箱里放了40年之

翻越柏林墙

久；又忘了看西德茶包的使用说明，上面清清楚楚的写着，这是柠檬茶。

过期的牛奶倒进柠檬茶里，只能是一杯僵局。

掀开这道横断德意志的铁幕，猛然发现彼此已经不是当初失散时候的模样。40年的意识形态斗争的印记早将经济社会乃至思维方式都彻底改变，除了说着相同的语言，兄弟俩几乎已经沟通不能。那个时候，西德拉着东德站在祖宗牌位前，信誓旦旦的拍着胸脯："有我联邦德国一口饭吃，就决不让民主德国饿着！"

柏林墙倒塌翌年，两德政府签订《国家条约》，建立了一系列社会、经济货币联盟。两德统一，说到底就是一场经济拉锯战。到底怎样把以东德马克为基础的计划经济拉入到西德运转良好的市场经济中，才是时任总理科尔（Helmut Kohl）最大的一场战役。5月18日，两德在美丽如画的西德临都波恩签订了这个"建立货币、经济及社会联盟国家条约"，先用法律的形式确定下来，西德的社会市场经济制度将同于东德适用。7月1日，货币联盟启动，东德马克可以进博物馆了，大家都欢天喜地的用上了西德马克。

之所以说"欢天喜地"，是因为西德经济要好过东德许多，西德马克当然也比东德马克值钱。不然谁会费尽千辛万苦冒着被杀掉的危险跑到西德去走私？还不是图个钱赚。科尔政府大手笔，直接东西德马克 1:1 兑换，简直要乐坏了东德居民。因为当时实际汇率，1 块钱的西德马克至少要等于 5 块钱的东德马克，按照科尔政府提供的解决方案，两德统一之后，东德孩子手里的 1 块钱一下子变成了 5 块钱；以前能买一块巧克力，现在可以买五块了！

按照这个理想的故事发展，最后就是童话一样的结局：从此大家幸福快乐的生活在了一起。

可惜德意志的历史太长，童话再也不够哄骗它。现实总是残酷。

很快的，东德的孩子们就发现问题了。

以前他们喜欢图灵根州自产的巧克力。但是超市上现在出售了广告铺天盖地的瑞士巧克力。怀着好奇心，他们买了一包，入口即化的丝滑感，沁人心脾的可可香，一咬开，还有甜甜的酒芯儿流出来，实在太好吃了。还有英国的小黄油饼干，比利时的华夫饼，美国的妙脆角……啊，世界一下子变得五香十色了。

于是，小家伙们聚在一起："以后只买西德的零食了！"。

可是的西德过来的零食标价也颇为昂贵。以前一块东德马克可以买一块巧克力，现在因为想要买瑞士巧克力，就要花四块五的西德马克。考虑到那个超值优惠的汇率，小朋友们觉得还算赚了。抱着一袋子昂贵却口感完美的零食，他们满足极了。

第二个月，他们又约定好去超市买零食。小戴维委屈地躲在门后面，说他不去了。长辫子安娜正打算问他为什么："难道你不想买好吃的巧克力么？"，就听到屋里传来愤怒摔碎花瓶的声音，随后就是戴维妈妈和妹妹的哭声。小伙伴们被吓了一跳，戴维揉揉通红的眼睛，说，爸爸没了工作。

原来，戴维的爸爸在爱森纳赫的巧克力工厂工作，是名和蔼的可可豆筛选工。每次工厂发年终奖励的时候，他都能带回来很多剩余的巧克力，分给戴维、安娜以及其他小镇里的其他小朋友做新年礼物，因此大家都很喜欢戴维爸爸。

但是，自从苏东剧变之后，巧克力工厂的生产量就越来越少。以前，还会有六成的商品印上俄文，出口给东欧和苏联。而在苏联解体之后，那六成的市场一下子蒸发掉了，爱森纳赫的巧克力工厂只好自给自足，卖给整个民主德国地区。现在呢，两德统一了，东德马克被高估了五倍的价值，以前1块钱的巧克力，现在5块钱才将将够本，还没的赚，工厂的收入愈发的少了。

更糟的是，想要买西德零食的小朋友又不只有戴维、安娜几个，几乎所有东德的小朋友吃了来自西欧的夹心巧克力之后，都不想再吃爱森纳赫巧克力了。戴维爸爸供职的巧克力工厂再也运转不下去了，连月亏损，发不出工资，工厂只能宣布倒闭破产了。

爸爸没了工作，戴维家里只能靠微薄的政府失业补助来生活，勉强维持温饱，哪里还有什么零花钱去买酒心巧克力呢？

安娜走上台阶，用胖嘟嘟的小手替戴维擦了眼泪。可她还不知道，这大概也是她最后一次外出买巧克力了，因为她家里的情况，只有更糟。

安娜的母亲在柏林的中学教马列主义哲学，父亲在萨克森-安哈尔特的比特菲尔德化工厂工作。安娜跟着外祖母长大，她的梦想就是和母亲一样，以后可以成为一名优秀的人民教师。母亲来自一个富裕的家庭，但在民主德国时期，这样的出身并不会给安娜母亲带来好运。在家里的财产被没收之后，安娜的外祖父含恨自杀，外祖母只得扛起生活的重担。但是厄运没有终止，因为外祖父以"资本家"的身份自杀，安娜母亲三姐妹身上被贴上了永远抹不掉的黑标签。安娜母亲很小就明白，而想摆脱这个身份，她必须努力读书，思想端正，加入统一社会党，并最终委曲求全，在社区协调下年轻美丽的她嫁给了一个工人身份的醉汉，也就是安娜的父亲。凭借着不幸的婚姻改变了身份，安娜母亲顺利找到了教师的工作，因为杰出的工作，被调往柏林，离开了那个她早就厌恶了的丈夫，并把女儿送回了老家爱森纳赫。

经过近二十年的经营和忍耐，安娜母亲可以说终于达成了自己的梦想。

可是，在她还没来得及在柏林的寓所里摆上一张女儿照片的时候，这个梦想就像肥皂泡一样，"啪"的一生，破裂在了压力山大广场的明晃晃的光斑里。

根据《国家条约》的规定，西德的一切法律制度在东德同等适用，这当中自然也包括了教育制度。在西德，马克思主义哲学不是必修课，甚至大多数学生因冷战的缘故，都对马列哲学存有极大的偏见。在东德教育改革的进程里，马列哲学首先就是被剔除的一部分，以往教马列哲学老师们，一下子全都失业了。

他们不是技术工人，不能很快的为其他工厂供职；也不是劳力工人，不能参与辛苦的体力工作。他们曾经是受人尊敬的教师，是"正统思想"的捍卫者。他们大多数人不会讲英文，唯一的外语就是俄文；他们也不会其他领域，如数学美术物理，他们只懂得马克思主义。因此在西德浪潮倾覆的东德，他们根本没有机会找到其他工作，只能保持一个失业的状态，领政府的失业保险度日。

直到今天，在柏林东侧，亚历山大广场以东的一片住宅区里，住着那些因教育改革而失去工作的老教师们。登上电视塔时，我也曾看到那座典型的苏联式建筑，带着悲苦的神情，缅怀着讲台上叱咤风云的红色青春。

安娜的父亲也失去了工作。萨克森-安哈尔特是一个典型的化工重镇，东德的四大化工企业全部集中在这个地方，在里面供职的大部分人员都是化工厂的工人。像安娜父亲这种每天喝的醉醺醺的低级员工，首当其冲被裁掉了。但很快的，酒友告诉安娜父亲，有一个法国佬想要买他们的厂子，一旦成交，他们这群失业的工人又可以重新回到工作岗位。安娜父亲很高兴，当晚就和一票好友去啤酒屋喝了个通宵。可是第二天，等他晕晕乎乎的醒来的时候，酒友告诉他，法国佬又说不买了，买不起。安娜父亲酒劲儿未消，狠狠的砸碎了手边的啤酒瓶子，破口大骂："混账法国佬！都要免费卖给他们了！哪里买不起了？！分明是拿我们开涮！"

其实安娜父亲说的并没有错。在当时，许多工厂因为破产，只好以极其低贱的价格卖给外国投资者，企图恢复企业运转，再度盈利。德累斯顿，莱比锡等一些恢复的比较好的城市，曾经的玩具厂，汽车厂被来自美国，荷兰的投资者买走，重新雇佣了原来的员工。只是换了个老板，员工的利益并没有受到太大影响。安娜父亲以为，比特菲尔德的化工厂可以和莱比锡的玩具厂一样，卖给一个来自发达地区的投资者，甭管老板是谁，他照样可以领薪水，去酒馆宿醉。但是，他所不知道的是，化工厂毕竟不同于玩具厂那样简单，一来是工厂太过庞大，曾经欠下的债务过于高昂，很少有投资者支付得起；二来，东德大部分工人都和安娜父亲一样没文化没技术，新厂主引进先进的机器和技术之后，还要先手把手教会这些醉汉如何操作，实在回本太慢。三来，在东德时期，化工厂的生产步骤从来不会加入对环境破坏的考量，因此萨克森-安哈尔特的河流和森林都被严重污染。根据西德环保法令，谁经营谁治理，也就是说，如果法国佬买了比特菲尔德的化工厂，还要连同整个森林河流的污染治理费一起支付了，完全划不来。

庞大的化工厂因为污染和技术原因卖不出去，这个可以理解。那为什么戴维的父亲供职的巧克力厂也没有卖出去？为什么戴维父亲仍旧失业了呢？巧克力厂没有污染，规模又小，盈利又好，完全可以如莱比锡的玩具厂一样，卖给西方投资者啊。

其实，爱森纳赫巧克力工厂不是没有可能性卖出去。也曾经有个英国人想要投资这个巧克力工厂，但是他遇到了一个完全无法解答的问题：他应该向谁买呢？

在东德时期，所有企业都归国有，而现在统一社会党垮台了，所有的企业一下子没了主人，就要寻回最初建立这个厂子的人（或他们的子嗣），交归所有权。这就是所谓的公有制时代结束后的私有化。可是，并不一定所有工厂和企业的原主人都一定找得到，有些已经离开德国，有些则可能已经死去了。私有化进程里，那个可以"私有"这些财产的人，许多都不见了。

爱森纳赫巧克力厂就是这样。英国商人曾想买这个厂子，他去询问了当时管理这些需要被私有化企业的国家托管委员会（Treuhandanstalt），怎样才能联系到巧克力厂的原主人。托管机构的办公人员忙不迭的答应，这就着手去查到底这个厂的所有权，结果竟然查出来了半个世纪的悲欢离合。

爱森纳赫的巧克力厂最开始一个名叫罗太·穆勒（Lotan Müller）的人于1925年创办的，他是个日耳曼-犹太混血。最开始这个工厂是个生产咖啡粉的小作坊，只有一栋厂房，二十来个员工。1938年水晶之夜后，纳粹没收了穆勒先生的厂房，并把他一家人都赶出了德国，算他们运气好，最终逃离了死亡欧洲大陆，在纽约落下了脚跟。纳粹德国也奉行私有制，于是希特勒政府把这个厂房卖给了一个"作风端正"的纳粹党员，托马斯·施耐德（Thomas Schneider）先生。施耐德先生对犹太人没什么仇，是个兢兢业业的商人，为了方便做生意才加入纳粹党，他做的是生产压缩饼干的生意。勤劳的施耐德先生凭着自己的努力，把爱森纳赫工厂又扩建了一个厂房，雇了五十多个工人。1945年，二战结束，爱森纳赫所属的图灵根省被苏联军队占领，工厂被没收到了

柏林墙现代涂鸦

统一社会党名下，而施耐德一家则被赶出了的图灵根，搬迁到了法兰克福居住。压缩饼干工厂摇身一变，就成了小戴维的爸爸供职的巧克力工厂。由于要供给东欧苏联的生产计划，统一社会党又给这家工厂多建了一个厂房，现在一共是一百五十名工人，三个厂房。

那么，这家工厂的主人到底是谁？是穆勒先生那个已经不会说德语的孙女？还是施耐德家那位对生意毫无兴趣的公子？并且，又有谁有权利决定这第三间厂房的归属呢？

英国商人看着这份长达半个多世纪的家族商业纠纷，心力憔悴。他重重地合上那本调查报告，满怀歉意的对托管委员会笑笑："我看……我还是不买了比较好……"不等对面的工作人员说上话，他就束了束呢子大衣，手套也没戴，推门出去了。他想，要赶紧去透透气，狭小的房间简直要迫得人窒息。走上了街，呼出一口热气来暖手，便见得阴郁的天空飘下来几粒雪花，顿了顿，又看见纷纷扬扬的白色沉甸甸的倾了下来。

落在他的肩头，落在他的心里面。

柏林墙倒塌了二十多年，除了一夜狂欢，余下的这二十载春秋东西两德都在为这个决定付出高昂的代价。为了恢复东德经济，西德人必须每月从工资里扣出一部分来做税款，捐给东德；而又因为市场化，西德企业大量冲击了东德经济，搞得大部分人都失业了。东德的市场化和私有化进程如此复杂，而直到托管委员会解散，也依旧没有完成这个任务。于是，那些僵局就摆在东德五州的大地上，大家都装作看不见。东西德双方相互抱怨，彼此看对方都不顺眼，心理上的这道柏林墙，反倒像是越建越高了。

柏林墙倒塌了，它变成了一道的狭长的疤痕，仍在德国社会中隐隐作痛。

忏悔与尊严：战后德国社会反思

在今天德国许多城市的广场上总能找到一些铜字写的标记，"我们不能忘记"。有时它高高立起，赫然醒目的是集中营的地址；有时它们藏在矮矮的草丛里，上面是无辜死难者的名字；又有时它们就平静的印在地砖上，与那些花束和蜡烛诉说着集权政治下的反抗与绝望。

硝烟散去七十年，没有人忘记。遗留在土地上的伤痕不曾被岁月抹去痕迹，战争之后的青年已经老去，一代又一代的少年人不断抚摸历史的裂痕成长。年少时他们昂起小脸问，这是什么？那时你们又在哪里？无言以对的母亲悄然落泪，父亲蹲下来紧紧抱住孩子说："那时爸爸从战场上逃了回来，才有了现在的你"。年少时候，人怎么懂得分辨道德感如此强烈的是非，或是茫然点点头，或是气愤地向父亲挥去小拳头责罚这个懦弱的逃兵……而一个孩子终将长大成人，在他融入社会开始参与并塑造整个国家的时候，那时父亲的拥抱、母亲的泪水都逐渐有了合理的解释。他也许释然，也许委屈，但所幸的是，很少有德国年轻人拒绝承担那段历史。歌德、贝多芬、炮火、杀戮，荣耀与耻辱，都是德意志无可争辩的一部分。

战争刚刚结束时，整个欧洲都精疲力尽。那一年，大量年轻男性死去，大量女性营养不良，婴儿死亡率飙升至16%，生灵涂炭，硝烟弥漫。没有食物吃，没有地方住，在这场惨绝人寰的灾难中，整个欧洲再见不到往昔文明繁华的丁点模样。在真正中存活下来的人们首先考虑的问题是如何生存下去。反思？尊严？先活过这一冬天再说。活下来的男性许多都伤残老弱，没有工作能力，只能跟在占领军后面捡烟头；而女性呢，为了养家糊口只得出卖肉体，在占领军军营前的街上来回走动，企图换一块面包回去给饿得嗷嗷直哭的孩子。年纪大一点的儿童会在煤车后面追着捡拾掉下来的煤渣，稍微小一点儿的也懂得用小手攥住哥哥姐姐偷来的盐巴带回家给妈妈。

曾经创造过人类文明史上辉煌奇迹的欧罗巴，竟然一夜之间回到了史前的模样。是纳粹！是他们祸害了这个国家！然而，追溯历史，纳粹的上台到底也是自由选举，希特勒的政策也得到了大多数人的支持，如此一来，岂不是人人有罪？每一个个体都有为自己辩解的权利，在这场史无前例的人类浩劫中，到底要如何寻找元凶，如何惩罚帮凶，如何避免历史悲剧重演，这一系列问题成了战后盟军最主要的任务之一。

战败的德国当然希望保持沉默，一如他们面对希特勒的崛起时一样沉默。1951年，西德第一任总理阿登纳发表声明说："大多数德国人是反对纳粹暴行的。看看我们的处境吧！德国人民也是暴行的受害者！"。由于战后人才极度匮乏，资源严重短缺，同年联邦议会通过的"131法案"大赦天下，除主要罪犯之外不少文官重新入职。战争刚刚结束的几年里，媒体和舆论也并没有集中关注纳粹的罪行，相比之下来到德国的记者更容易被当下的百废待兴吸引注意力。这个时候的西德恨不得能像鸵鸟一样把头埋起来，企图躲过这阵风声。

分区占领下的德国怎么能躲避来自欧洲和世界的责问？虽然盟军对德国的处置有关乎各自利益的考虑，但四个国家最终还是给出了一些解决方案。其中最著名的莫过于"纽伦堡审判"。原本，直接受害国英、法、苏都不赞同创立军事法庭——罪行昭然，还有什么好说的？是美国联邦最高法院大法官罗伯特·杰克逊执意坚持，"如果战胜者在未经审判的情况下可以任意处死一个人的话，那么，法庭和审判就没有存在的必要，人们将对法律丧失信仰和尊重，因为法庭建立的目的原本就是要让人服罪。换言之，未经审判的了断，是另一种形式的屠杀，战胜国也将因此丧失正义性。"他的坚持创造了史上第一个国际法庭。1945 年 8 月 8 日，苏、美、英、法 4 国政府在伦敦正式缔结了关于控诉和惩处欧洲轴心国主要战犯的协定，通过了国际军事法庭宪章，纽伦堡国际军事法庭应运而生。其间，5025 名罪犯以战争罪被判刑，死刑判决 806 例，其中 486 例被执行。纳粹的罪行也随之公之于众。七十年之后，这座曾经用于审判德国人良心的法院依然在为正义效力。法庭顶楼被改建成纽伦堡审判的博物馆，屋内没有顶灯，只有白炽灯打亮的展板供人阅读。一张张年轻的面孔在灯影下肃穆，底板踩得吱嘎作响，犹如走在历史的独木桥上。这一次，历史绝不重演。自纽伦堡审判始，人类的共同尊严终于平等地受到法律保护。

除去盟军的压力，逐渐长大的战后一代也开始质疑所生活的这个畸形国家。既然要一起承担历史，为何没有人对我们做出解释？60 年代，战后一代差不多正是青年岁月，对世界充满冲动与好奇。当他们了解到父辈所经历的历史时，又惊讶，到恼怒，到气愤——你们为什么要加入纳粹！？为什么纵容纳粹的暴行！？没有反抗即是同谋！！

纳粹时代就学会沉默的父辈如今唯有继续沉默地看着自己一手养大的孩子。看他们摔门而去，看他们在街上抗议。倚在窗边，父亲重重地叹了一口气，看着年轻的儿子和伙伴们高举抗议的旗帜——也许，自己也可以……然而终究，他也只得默默捻灭烟蒂，一言不发。他们已忘记如何发声，唯有看着新生的一代烈火青春。

1966年，基督教民主联盟（CDU）党魁乔治·基辛格博士（Kurt Georg Kiesinger）接任市场经济之父艾尔哈德的职位就任联邦德国第三任总理。这位清瘦的老先生做事四平八稳，勤勤恳恳，本以为顺着艾尔哈德打创下的经济奇迹德国可以一帆风顺，却没想到这段任期反而成了他本就足够动荡的一生中，最为艰辛的岁月。

早年，他曾经在纳粹德国国家宣传部担任过记者的职务。在当时，想要进入国家宣传部工作，首先必须是纳粹党员。究竟是被迫也好，无奈也好，谋生计也好……基辛格先生加入了纳粹党。在他抬起右手宣誓效忠元首的那日，他日后的政治生涯就已经变成了"悬崖"，时刻面临被质问的可能。纵使战争结束之前他被关进集中营，也不能洗刷他曾经是纳粹的污点。万字标识如同恶魔的标记一样烙在他的脸上，嗞嗞作响，带着诅咒一般的颜色折磨着每一个从战争里走出来的人。让基辛格重回公众视线的是贝亚特·克拉斯菲尔（Beate Klarsfeld）女士。作为2012年德国总统参选的候选人之一，这位女学者的故事充满传奇色彩。在贝亚特还保留自己家族姓氏的时候，已经是一位性格刚烈的姑娘。使她出名的是当时 20 多岁的她在议会里走到已经就任总理的基辛格博士面前，抢起胳膊狠狠的打了目瞪口呆的总理一个耳光。然后借着总理前面的麦克居高临下的吐出两个清晰无误的音节："纳粹。"

短暂的沉默之后是狂欢般的欢呼，周围的声线连成一片"基辛格！纳粹！基辛格！纳粹！"。呼天震地。警卫适时的拖走了贝亚特，留下捂着脸颊默不作声的总理。他尴尬的咳了咳嗓子，继续他未完的演讲，好像什么都没发生过一样。

可是在当时，究竟有几个人能够称得上"人家清白"？压力如潮水一般倾下来，终于顶不住压力的基民盟在 1969 年的大选中输给了社会民主党（SPD），由维利·勃兰特（Willy Brandt）任西德第四任总理。这位一直以来战斗在反纳粹第一线的社民党人隐忍了太多年，丹麦、挪威、西班牙……在离开祖国的日子，勃兰特受到太多威胁与不公，今天他终于站在可以扭转历史局面的位子上，终于可以为德国的形象开脱。也许只有他，才能扪心无愧的说一句：我们也是受害者。

然而并没有。1970 年 12 月 7 日，勃兰特访问波兰。在向华沙犹太区起义纪念碑敬献花圈时，他忽然双膝跪地，低头在纪念碑前，为死难者默哀。本可以不下跪的勃兰特，为所有该跪下却没有跪的人做出了最深刻的忏悔。后来他回忆起这件事时说，那天早晨他感到这会是不同寻常的一天。在鞠躬之后他忽然意识到，仅仅一个花圈是绝对不够的（Ich hatte plötzlich das Gefühl, nur einen Kranz niederlegen reicht einfach nicht!）。

针对这件事，许多媒体报道说，勃兰特跪下了，而德国站起来了。的确，因为勃兰特的举动，德国的国际形象大大提升，并逐渐被接纳回归欧洲的怀抱。但是在当时，德国人却并没有那么深刻的觉悟——根据当月《明镜》杂志的民意调查，有48%的德国人都认为此举太过夸张。年纪尚小时读到勃兰特华沙之跪觉得感动，长大一些觉得颇有政治作秀的嫌疑，直到有一日真的自己去寻了当年勃兰特下跪的地方。雪沙婆娑，没有游人。起义者纪念碑已被塑成了冰雕，零星点点的鲜花散落在附近。雕刻着勃兰特跪相的砖墙在不远处，无人问津。一望无际的雪原上矗立着当年尚未开放的犹太人纪念馆，四处寂静无声，寒天冻地中，只有洁白的宇宙和不朽的灵魂。那样的一刻，真的有冲动想要别过头冲回文明世界，忘掉眼前的一切。回路的脚印早被雪沙重新填埋，正如曾经明媚的生命在某个冬天蒸腾为零，无人知晓。风过尚且留痕，而他们却仿佛从不存在……此情此景时，也终于明白勃兰特的"惊世一跪"——生而为人却残忍至此，耻辱、羞愧。

在国际舆论与新生代德国青年的追问下，德国不再逃避历史的罪责。除去认罪、审判、忏悔、道歉的国际姿态，联邦德国在战争赔款的问题上也态度明确。在战后德国经济复苏后，它先后向波兰、捷克、斯洛伐克、俄罗斯等受害国，尤其是以色列支付巨额赔款。截至 2007 年，德国支付了超过 640 亿欧元的赔款，并建立了诸多基金项目偿还纳粹时期被迫劳动的劳工，每年向 10 万受害者赔偿 6 亿欧元的养老金。现任德国总理默克尔说，偿清赔款并不意味着德国的责任已经卸下。相反，对于德国纳粹犯下的罪行，联邦德国永远承担一份责任。

战后七十年，亲历战争的一代逐渐退出历史舞台。然而历史没有终结，对于不曾经历战争、也没有见证战后动荡的年轻人来说，教育便是最好的传递媒介。根据德国教育法规定，历史教科书中必须包含纳粹暴行的内容，细致讲述那段残酷又荒谬的历史。在德国教育中，有一个概念被繁复重申，叫做"国民勇气"（Zivil Courage）。在纳粹崛起之前，鲜有人发声反对，人们默默纵容了滔天罪恶，却很少有人敢于站出来大声疾呼。如果有勇气反对希特勒，那么怎么会有纳粹上台，怎么又会有血流成河？在暴政面前敢于反对，在不公面前敢于发声，在沉默的大多数中做那颗不沉默的良心……这就是作为德意志国民应有的勇气。除此之外，历史课要求学生们参观历史现场，反复讨论、追问历史的细枝末节，并要求根据见闻和思考来提交论文。参观集中营、战场旧址、博物馆、档案馆，跨国访问交流都成为课程的必要组成部分，唯有亲自触摸那块受伤的土地，才会更加深刻的感受到战争残留下的苦涩。

课程之外，社会上有很多公益活动号召年轻人参与到战后的反思中来。学生可以去博物馆、档案馆做志愿者，也可以参加跨国公益活动，为战争受害者做义工。1962年，由西德基督教会创建的"赎罪行动"（Aktion Sühnezeichen）计划在柏林开展。这项计划号召来自德国的青年人拜访、帮助受害犹太人及亲属，帮他们读书读报，购买生活必需品，陪他们聊聊天。战争之后，那些从集中营活下来的受害者很多已经再也找不到亲属，抱团取暖七十年之后，老伙伴渐少，孤寡余生。这批青年志愿者的出现对他们而言，可以说是一种慰藉。也许他们的一生都在经历午夜，而终于，鹅黄色的朝阳透过窗棂照进了他们的生命里，迟到的平静里暖意盎然。对于志愿者来说，许多人也因战争缘故从没见过自己的祖父母，这些老人反而更像是爷爷奶奶一样，会给他们讲述那很久以前的故事，会需要年轻人帮着提菜篮子，也会乐呵呵的做记忆中故乡的美食和孩子们分享。

历史不会被忘记，在时代的血脉中它仍然拥有鲜活的生命力。一代又一代见证者用良知传递历史的真诚，它如同暗夜中的火把一般烈烈燃烧，温度灼人，也照亮前路。反思悲痛的历史需要过人的勇气，可也只有负担得起历史重任的国家，才负担得起未来。

掠　影

政　治　经　济

　　旅行时，最喜欢选择靠窗的座位。总是怀着幻想，在飞机青云直上或略过云层降落的时能看遍整个国家的山河壮美。星河凝天时，万家灯火；晴空万里时，翁郁葱翠。从高处俯瞰，一切秀丽都朦胧在青山翠柏与点点星辰之间，匆匆一瞥，只大约记得这是一方美丽的土地。

　　掠影波德平原，除去水系温婉，河山苍翠，更多的是对脚下这片土地的好奇。在前往目的地之前，我们已经填写过印有德文的签证和入境申请，甚至学了几句德语便于日常沟通，当然也从银行兑换好了欧元以备旅行之需。亲友有时会请我们代购一些便宜的商品，也会叮嘱我们注意安全，小心财物。自2014年，数以百万计的华人因各种缘由出访德国，探亲访友，旅游观光，商务会谈，学习研究，大陆彼岸的那个略带传奇色彩的国家吸引着我们去了解，去探索。于是，关乎她的诸多方面——语言，货币，经济，政治制度，或是教育方式——也或多或少，与遥远的我们产生了联系。

德意志的历史远比她的名字古老。作为更为古老的文明古国，我们自然知道，如今所拥有的一切并非凭空白来。在历史漫漫长河中，构成一个国家的基本元素经过时光的筛选，蜕变，终于成为如今的模样。然而与我们不同的是，德意志在1871年之前一直是四分五裂的状态，从未有谁如秦始皇一样的君主一统天下，更没有谁有本领订下统一的货币、度量衡及文字。于是在相当长的时间里，德意志就是这样如一盘散沙一般摊在欧洲中部，成为邻国的雇佣兵，自相残杀。这是刻在德意志心坎上的一道疤，无情地诉说着那段悲惨的过往，也构成了德意志性格中暗色调的一面。

上百个小邦国，上百种语言，上百种货币，上百次关税，德意志地区的文化、经济步履维艰。德意志的统一之路到底从何处开始？如今，德意志联合的经验推而广之，放大到了整个欧洲。作为世界上独无仅有的区域一体化案例，欧洲再次为世界提供了发展的新思路。

随着欧盟的扩大化，民主政治也成为欧盟录取新成员的重要审核标准之一。然而就在1945年以前，欧洲还挣扎在希特勒的独裁梦魇之下，水深火热。从历史教训中浴血而出，德意志是否认识到民主的局限？又是否有足够的底气不让历史重演？这些记忆被封存在柏林国会大厦顶端的玻璃穹顶中。杏黄色的天空唤醒沉睡的柏林。站在这城市的高点之上，德意志的荣耀与伤痛，一览无余。

深海与扁舟：德语与杜登、朗氏字典

关于德语的晦涩有很多传说。

它被东欧友邻喻为哑巴的语言。在斯拉夫和乌拉尔语系用 Netmet 这一词根表达德语 / 德国（捷克语称德国为 Německo，波兰语称 Niemcy，斯洛伐克语称 Nemecko，匈牙利语称 Németország），而这个词根原意为"哑巴"，即指德语难懂如哑巴说话一般。

德语，被马克·吐温喻为终生不可能学会的语言。在游历了欧洲之后，马克·吐温曾特意撰文《可怕的德语》深度吐槽，如果一个人学英语要花 30 个小时，学法语可能要花 30 天，那学德语就要花 30 年。

德语，被喻为超越阴阳的语言。德语的名词分阴、阳、中三个性别，四个格，单复数，名词的所有变化都要求其冠词做出相应变化；动词分强弱变化和不规则动词，按其所处时态语境及自身拼写方式发生改变；根据句法要求，陈述句动词置于第二位，复句中动词置于句尾——这是多么考验耐性的语言啊！一段话听了十来分钟动词还没出现，就没人知道这段话究竟要说些什么。

德语水这么深，那究竟要不要学？

学还是要学的。理由暂且有三。

一来，尽管晦涩，德语却是欧盟使用最广的母语。除了德国、瑞士、奥地利和列支敦士登将德语列为官方语言之外，意大利、法国、比利时、卢森堡、荷兰、波兰、捷克、斯洛伐克、丹麦、匈牙利、罗马尼亚也有不少德文使用者。此外，非洲的部分地区曾为德国前殖民地，加上"二战"时候逃往南北美的移民，当今将德语视为母语的人口大约有一亿一千多万。作为世界上最受欢迎的第二外语，德语在欧洲、美洲、非洲、亚洲都有众多的学习者。据德意志学术交流中心（DAAD）统计，截至2014年，全球学习德文的人数大约有一千五百多万人。在法律、医疗、工程、商务、音乐、艺术、哲学等许多领域，德语仍然具有英文所没有的优势。这么多大小伙伴都在学德语了，为什么不来加入我们呢？

二来，相较于古人来说，现今的德文已经简化太多。在德语（Deutsch）一词出现的中世纪，德意志地区诸侯割据，交通不便，每个邦族都有自己的方言，彼此很难互通消息。虽说我华夏大地也分京沪吴粤川赣诸多方言，但至少我们书同文，书写还是能沟通的。德语作为印欧语系下属西日耳曼语系的一支，是由拉丁字母构成的拼音文字，怎么说就怎么写——每种方言的发音都不一样，写出来当然也不同。于是，德意志上百个邦国就这么比划着、凑合着过了几个世纪。直到 16 世纪宗教改革，马丁·路德重新翻译《圣经》，才将这些方言统一成了书面语，基本也相当于制定了德语"书同文"的标准，也就是现代德语的雏形。1996 年，德国、奥地利、瑞士和列支敦士四大德语国家联合签署德语正写法国际协定，将德语的书写与文法规范化、教学化。这个过程就相当于中文里的繁体字化简体字，减少歧义，让语言变得更易学。为了让德语更好学，德国人连拼写文法都改了，还有什么理由不学呢？

最后，不学德语，就无法体会像解数学题一样说话的思维乐趣了。

不论以何种理由——足球啤酒，帅哥跑车，还是不收学费的大学教育；不管以何种姿态——跳下来、掉下来还是被人拉下水的，学习德文的过程如同汪洋探险。有时巨浪滔天，有时晴空万里，有时雨落数日，有时月朗星稀，会途经很多陆地和岛屿，会遇到许多有趣的人和事。语言学习是一生的功课，永无止境。遨游在德文的海洋中，收获的绝不仅仅是欧陆一隅，连我们自身的思维方式，行事习惯都会受到它的浸染而发生改变。人们习惯给德语贴上"严谨"的标签，而挣扎于不规则动词变化的初学者却完全感受不到逻辑何在。离开德国，重新回到英语、中文语境下，才逐渐体会到德语行文上的严丝合缝。语言塑造民族性格，也将这一方山水文明印在每一个讲德文的人心里。那一个个拗口的音节就好比是那胡同里自行车的铛铛作响，尚未成文，磨剪子镪菜刀的吆喝便呼之欲出，老师傅的蓝褂子，手上的茧子，皱纹里的笑，成就了你我的独家回忆。闻此音、听此言，见此景、生此情，语言之于文明的意义非凡如此。

欲渡语言之汪洋，单凭徒手游是万万不行的。日本小说家三浦紫苑在小说《编舟记》里比喻说，字典是航行文字海洋的船。对于德语世界来说，杜登字典和朗氏字典就是大多数德语学习者选择的渡海舟。

杜登字典可谓是德意志语言之圣经，在德语世界里犹如我们的康熙字典，是第一本被德国政府官方认证的语言典范。在1863年俾斯麦统一德国之后，杜登《德语全正体书写字典》（1880版）成为普鲁士政府官方标准德语的唯一文本，也就此规范了现代德语的早期文法、拼写及发音规则，造就了杜登字典在德语世界里绝对权威的地位。如果说德国近代史是一首奏鸣曲，那么杜登字典则是演奏者的校音器。然而在"二战"之后，德国被分区占领，成为冷战的风口浪尖，

杜登词典第 26 版

东西德国意识形态不同，曲风各异，于是也只好各定音准。位于曼海姆的西德杜登和位于莱比锡的东德杜登各自印刷着属于自己的字典，记录着属于西德或东德的德语文化。在柏林墙倒塌后，东西杜登也合二为一，只是留在两本字典中得语言隔阂却如同至今仍存在在德意志土地上德文化不认同一般，难以抹去。东德杜登里收录了大量俄语词汇和文法，比如直接在动词前加俄语的 suffix，使之名词化；比如收录如 Politibüro（政治办公室）、Sozialdemokratismus（社会民主主义）等苏联体制下特有的词汇。于此相较，西德杜登则引入了数量可观的英语、法语词汇，今天也在德国广泛使用着（个人感觉德国人很喜欢将英语词汇德语化，尤其是动词。由于德语动词原形绝大部分以 en 结尾，所以接英语词汇过来的时候直接按上 en 就变成了德语。比如 upload 一词，中文译作"上传"，德文其实也有对应的翻译 hochladen，但好像今天白领都喜欢中英混搭说话一样：别忘了把文件 upload 上去哦，德国年轻人也喜欢说 uploaden）。

尽管杜登字典位高权重，却并不建议留学生入手实体版。字典泰斗包罗万象，2013 年出版的第 26 版杜登字典包含 12 册，涵盖舶来语，词源，拼法，正音，同义词，反义词等众多条目，每一册都非常贵重（真的是又贵又重），对于资金、空间有限的学生党来说还是去图书馆借阅，或使用电子版比较好。

可是，字典总是要握在手里才踏实。小时候得到的第一本新华字典是默写比赛得来的。用铅笔小心翼翼写上自己的名字，微微泛青色的纸页在夏夜的晚风中刷刷作响，小小的一册伴着小小的我们，就这么长大了。留着蜂蜜蛋糕油手印的页脚，标注页的折痕，脱落的装订线，找不见了的封皮……这才是记忆里的字典应有的模样。

朗氏字典正满足了我们对字典实用价值的期待，它可以视作德语世界里的新华字典。与绝对权威的杜登字典不同，朗氏字典不是德语的定义者，它是德语的传播者。朗氏字典的创立者古斯塔夫·朗根沙伊特（Gustav Langenscheidt）是个语言学习爱好者，平时没事儿就喜欢到处走动走动，跟人聊聊天儿。二十来岁参军的时候遇见了个教法语的老师，于是两人捣鼓了一阵编出来一套自学法语的书。可惜那时朗根沙伊特名不见经传，作为粉刷匠的儿子似乎也没什么人脉，在普鲁士纸贵的 1856 年，没有出版社愿意帮他印这套书。朗根沙伊特懊恼了一阵，粉刷也是刷，印刷也是刷，多少也是得了点老爹的真传，他干脆成立了自己的印刷作坊，印制这套自学教程。因为这套书写得简单易懂，可操作性强，价格亲民，非常适合初学者和无法置身于法语环境的求学者。就这样，朗氏字典一举成名，古斯塔夫·朗根沙伊特则被尊为远程教学之父。

　　朗氏字典已经成为德语世界的重要标志之一。行走江湖，黄色封底和蓝色字母 L 几乎成了德语学习者的接头暗号——此标一出，皆是同门师兄。作为专业的语言学习者，朗氏家族懂得色彩和符号对于市场的象征意义，也因此一再完善 LOGO 的设计，让语言学习者一眼就能认出朗氏字典。2010 年，朗氏字典将朗氏黄注册为其专利商标；2013 年，朗氏字典将另一语言学习软件 Rosetta Stone 告上法庭，因其采用的黄色与朗氏字典过于相近，造成消费者误会。作为精明的商人，朗氏家族审时度势，早在 1983 年就推出了德语世界的第一本电子字典。即使在网络资源过度丰富的今天，朗氏也依旧风头不减。2015 年 8 月，德国政府开放边境接受难民。由于难民的英语德语水平有限，和难民的沟通障碍一度成为志愿者的极大忧虑。朗氏公司免费开放的德语-阿拉伯语网络字典，提供双向翻译、发音和书写的服务，也帮助难民学习德语，在德国开始新的生活。

　　语言是民族记忆的载体。德语所承载的绝不仅仅是从上古至如今，发生在德意志土地上的荣耀或罪孽，它是汉莎航空人性化的服务，是 MAN 重卡上轻盈的防震装置，是啤酒节上蘸着糖霜的心形姜饼，是夏绿蒂出现在花园时堪比银河的绝美。然而，总要独自熬过许多午夜，错过许多黄昏，才总算待到黎明之时万海归一，莱茵河谷一片明黄。

塔勒、马克与欧元：德意志货币的变迁

圣诞将至，整个欧洲都沉浸在打折降价的狂欢中。

从巴塞罗那到巴黎，从布鲁塞尔到柏林，看遍风景，买遍名牌。坐在候机厅的游客们感叹，一把欧元走遍欧洲。因为有了退税政策，加之欧洲的价格优势，近年来国人在欧洲消费市场的可谓一掷千金。

时光倒流二十四年，彼时在欧洲游学的前辈还没法享受我们今天的便利。在欧盟的《马斯特里赫特条约》（Maastricht Treaty，1993）生效及欧元发行（1999）之前，在德国就得用马克，在法国就得用法郎，在意大利就得用里拉，没有跨国代购、没有欧元响叮当，更没有如今在欧洲消费的盛大场面……再时光倒流两百年，那时德意志四分五裂，从慕尼黑到柏林可能就得换个十来次货币。

当时的数学题可能会是这样：

问，一个柏林人想去巴伐利亚吃猪肘子，他应该准备多

1698 年在奥地利流通的塔勒

少钱?

　　相信答案是 0。因为算完关税后他决定不去了……

　　欧洲历史略长，时光倒流容易晕车。我们还是从德意志开始自行铸币的 14 世纪说起好了。

　　14 世纪以前，德意志区一直处于罗马或拜占庭帝国的管辖之下，使用的货币来自罗马 / 拜占庭"央行"，如在《日耳曼尼娅》一文中提到的，这种货币多数用于表示对德意志的征服和管辖（正面为皇帝胸像，背面为日耳曼尼娅的战败姿态）。1325 年，德意志通过教皇获得铸币权，实现区域性的经济自主。对于年纪尚幼的德意志来说，铸币权即意味着经济独立，请客不用开发票，花钱不用打报告。

　　但是，14 世纪中叶，德意志区的经济实力远不如当时最耀眼的城市佛罗伦萨。在美第奇家族统领下的佛罗伦萨正孕育着资本主义的萌芽，以金银之光辉驱散黑暗与疾病的纠缠。由于佛罗伦萨的海运贸易兴盛，经济势头大好，它所发行的货币也就成了通用欧洲的币种，有如今日美元于世界的地位一般。于是，德意志铸币区也就跟风发行佛罗伦萨金币，毕竟货币相同好做生意嘛。一开始，佛罗伦萨是满心欢喜的，毕竟随着海外生意越做越大，欧陆生意也源源不断，美第奇家族坐拥金山珠宝，一切看似风调雨顺。但是，很快随着佛罗伦萨贸易持续升温，来自亚洲非洲美洲的香料绸缎、瓷器珍宝不断涌入欧洲，生活质量虽说是提高了，佛罗伦萨金币也不断外流。本来德意志区金矿就不丰富，辛苦铸出来的金币就这么眼睁睁地漂走了，心里真不是滋味儿。

于是，第一次欧洲货币改革呼之欲出，意大利率先开始制造银币，试图用大量开发出的银矿来取代稀缺的金矿。经过一系列的改革和尝试，最终在1524年，神圣罗马帝国皇帝查理五世宣布用波西米亚（今捷克）的铸币区亚希莫夫（Jáchymov）铸造的亚希莫斯塔勒（Joachimsthaler）作为帝国标准货币。就此，塔勒（Thaler）成为欧洲的最主要货币单位，流通欧洲三百年。虽然在这三百年中欧洲诸国战乱纷争，王朝更迭，塔勒币的含银量和兑换比率也不断调整，但这一单位却保留了下来。在德国南部，荷兰及英国，塔拉"TH"的音节也简化音"D"所代替，成为Dollar被带到了美洲新大陆。

三百年混战中，德意志的邻里基本都形成了自己的民族国家，而德国仍处在四分五裂的状态。混乱的币制，不堪重负的关税，使得在各个邦国之间的物资和人口都难以流通。在今天汉堡的货币博物馆里，收藏着当时在德意志这片土地上流通着的6000多种货币……满满一个展厅，锈迹斑斑的是德意志无法前行的丝网。

战火都无法折损的万丈寒冰，还有没有融化的可能？

德国经济学家弗里德里希·李斯特认为，历史已经无数次的证明，战争并不能带来德国的统一，他相信唯有经济的联合才能真正帮助德意志强大起来。但是，对于各自为政的德意志邦国来说，李斯特的想法显然是天方夜谭——毕竟没有人愿意取消关税这一重要的财政来源。十载离家不曾归，乡音无改鬓毛衰，李斯特穷尽一生都奔走在德意志的土地上，为了一个从未存在过的、却始终令人梦回牵绕的，真正的、统一的德国。终于在19世纪，北德最大城邦普鲁士接受李斯特的建议，集结18个邦国建立关税同盟。1826年，北德关税同盟建立；1827年，由巴伐利亚和符腾堡组成的南德关税同盟建立；1834年1月1日，南北德关税互通，完整意义上的德意志关税同盟就此建立。

拂晓黎明，万籁俱寂下，烈马奔腾呼啸而来。德意志的统一势不可挡。

三次王朝战争后，俾斯麦率领普鲁士于1871年统一德国，建立德意志第二帝国，并在同年颁布帝国货币法，将与黄金挂钩的马克定位帝国的通用货币，也就是所谓的"金马克"。在德意志第一次拥有全国通行货币后没多久，第一次世界大战爆发，马克取消金本位，迅速与黄金脱钩。一战战败后，巨额的赔款和外债，使得1923年马克的通货膨胀达到顶峰，一夜之间，金马克沦为纸马克，一文不值。由于货币价值暴跌，魏玛共和国政府只好大量印刷钞票，而这无疑加剧了马克的通胀程度，最后不得不金融改革，发行新的储备货币。在失去几乎一切准备金的情况下，魏玛共和国政府想到以土地作为抵押而发行地产抵押马克（Rentenmark），以一地产抵押马克兑换一兆纸马克的汇率回收掉已经崩溃的旧货币。

1924 年，在美国道威斯计划（Dawes Plan）的帮助下，因凡尔赛条约而喘不过气的共和国政府终于有机会引入美元资本，进行货币改革，重新启用帝国马克（Reichsmark），终于结束了德国史上空前的恶性通胀。然而，1929 年世界性的经济危机爆发，英美自身难保，经济危机火速席卷全球，魏玛共和国再次陷入经济危机，五年的喘息如风中烛火，化作一缕青烟不见。国家再次回到民不聊生的惨状，税收下降，贷款撤回，政党分歧不断……终于，在 1930 年魏玛共和国各党派因无法调和国库亏空的问题而宣布垮台。风雨飘摇中，希特勒借势造势当选国家总理，后而独揽大权，成为德意志第三帝国的元首。在此期间，帝国马克作为纳粹德国的通用货币而被印上了卍字符，仿佛被恶魔诅咒了一般。

二战结束后，虽然帝国马克之名依然存在，却无法使用——国家千疮百孔，断壁横垣下，物质极度匮乏，根本什么也买不到啊！战败的德国一分为二，英法美苏四国分区占领，协商货币改革事宜。然而，意识形态不同，经济体制不同，导致美英法联合政府与苏联政府在德国货币改革的谈判桌上不欢而散。东西德的界限愈发清晰，美英法政府于1948年3月发行新的货币，取名"德国马克"（Deutsche Mark）。与此对应，苏联控制下的东德也发行了自己的货币，名曰"东德马克"（DDR Mark）。

在西德第二任总理、德国社会市场经济之父路德维希·艾尔哈德（Ludwig Erhard）的领导下，加上二战后马歇尔计划的援助，欧洲一体化进程的推进，西德迅速从战后的萧条中复苏过来，并崛起成为世界一流的经济强国。创造了经济奇迹的西德也重新回到了欧洲的怀抱，在1951年，西德、法国、意大利、比利时、卢森堡、荷兰联合签署协定，建立欧洲煤钢共同体，也就是欧洲共同体的前身。德国马克的地位也随着西德经济实力的增强成为世界上具有影响力的货币之一。而在墙的另一侧，民主德国依旧煎熬在计划经济的水深火热中，两德差距有如天壤之别。

20世纪末，苏东剧变，苏联解体，1989年柏林终于倒塌，两德重新恢复统一。我们有理由相信，在11月9日那一夜，冲过围墙的一瞬间，老照片里看到的那些眼泪与欢笑，星光与焰火都发自内心的灿烂着：等待28年后，终于再次握到你的手。无论你经历了怎样的沧桑，这一刻都是我的兄弟。

然而午夜狂欢后总会天明，日光之下的柏林墙如一道丑陋的疤生在德意志的土地上。梦醒之后，西德面对的是前民主德国衰败的经济，土里土气的居民，和毫无品位的生活方式。他们不懂怎样在超市买东西，不懂吃饭完要给小费，穿着乡巴佬一样的服装，还试图和西德人搭乘一辆公交车。他们是东德人，现在手里也握着德国马克，西德政府承诺1:1的兑换率给他们兑换的。西德政府还承诺给他们工作，给他们保险，给他们原西德居民享有的一切。但是，在过去的这些年里，他们一分钱税都没交过啊！好多西德人不懂，究竟是为什么，要替这穷邻居买单。直到今天，德国的许多联邦州还有固定的税收要捐给新联邦州（原民主德国）作为发展建设的资金。然而，越来越多来自新联邦州的年轻人一旦毕业就离开家乡，跑到科隆、法兰克福、杜塞尔多夫等富裕的城市工作，然后再也不回去。于是，新联邦州的青年人口越来越少，老龄化愈发严重，就更需要旧联邦州的支援……循环往复，尚不知何解。

柏林墙倒掉了。

它真的倒掉了吗？

历史总是惊人的相似。欧盟憧憬下的欧洲正如李斯特视角下的德意志，关卡重重而寸步难行，二战后衰落的欧洲也唯有靠经济联盟才能重新崛起。从取消关税、建立关税同盟开始，欧洲好像是放大版的德意志，踩着历史的足迹摸索着前行。根据《马斯特里赫特条约》，欧盟于1993年正式成立，欧元于1999年正式成为流通欧洲的货币。德国马克、法国法郎、意大利克朗等一系列充满历史情怀的货币单位被欧元（Euro）取代，将一切荣耀与沧桑都封存在了属于它们的20世纪。

　　我们无法猜测历史的心情，眼下欧元的局势不容乐观，它的不灵活也成了欧盟理想主义的枷锁。历史长河中，我们的眼界总归只能有浅浅一瞥，触不及过去，评不定未来。欧元何去何从我们只能拭目以待，然而真将它握在手里，带我们看过爱琴海潮汐，远眺过阿尔卑斯山日落，奔驰过黑森林绿草如茵，那时也才会懂得李斯特奔走一生的意义。

柏林之心：德国国会大厦

和许多国家首都一样，柏林市的中心也是整个国家的政治与文化核心。政府办公部门，博物馆与使馆区各具特色的建筑群构成柏林市一道华丽的风景线。其中最具代表性的建筑当属德国国会大厦（Reichstag），自 1999 年之后，这里也就是德国联邦议会（Bundestag）的会址所在，相当于人民大会堂（建筑物）与全国人民代表大会（最高权力机关）的角色。

在学习德语的时候很容易把国会大厦和联邦议会这两个词搞混，有一段时间总是分不清哪个才是德国政府。其实仔细一想也并不难记忆，德国的官方全称为德意志联邦共和国（Bundesrepublik Deutschland），是一个由 16 个联邦州（Bund）组成的议会共和制国家。那么中央政府只要照顾好这 16 个联邦州就算料理好内政了，所以这个管理者叫做德国联邦政府（Bundestag），以开议会的方式决定国家政策。

很多时候为了便于理解，我们会把德国的联邦州与我们的行省做类比，但其实联邦州与行省的差别还是相当大的。在联邦制国家里，联邦成员是先于国家而存在的。在德国历史上，有诸多的小邦国，四分五裂，造成德国无法统一发展的局面，于是各个邦国通过战争、或联姻、或外部干预最终形成了最原始的 16 个联邦成员，为了寻求共同发展才将部分主权交给一个中央机构，形成中央政府。基于这个原则，联邦成员可以拥有自己的宪法和法律，只要不与中央法律冲突即可。美国算是世界上第一个建立现代联邦制的国家，之后陆续有 26 个国家成为联邦制国家。因为联邦制的基本属性是联邦先于中央而存在，且联邦享有自己的独立自主权，很多事中央不能管，这个方法很受欧盟创立者们的欢迎，他们本打算也按照联邦制的办法来规划欧盟。丘吉尔在战后就提出建立欧洲联邦（United States of Europe）的概念，然而由于欧盟成员国仍然把握国家绝对主权，欧盟政府没办法享有联邦政府那样强有力的政治和财政政策，只能维持在区域邦联（国家的联合，不具有国家主权）的范畴。

那么国会大厦（Reichstag）是怎么来的呢？Reichstag 这个词原本产生于神圣罗马帝国时期，直译过来意为"帝国议会"（Reich 即帝国），是帝国时期的主要国家机构。值得注意的是，在英美政治体系中议会（Parliament）和国会（Congress）是完全不同的概念，但是在德国现行的政治体制里，是没有与英美国会（Congress）等同的机构的。这里的 Reichstag 是 Reichstagsgebäude（帝国议会大厦）的简称，很多文献将 Reichstag 翻译成国会大厦，是取帝"国"议"会"之意，以表明这座建筑的历史渊源。

1871 年，在普鲁士铁血宰相俾斯麦的带领下，德国完成历史上第一次统一，旧普鲁士议会已不够如此众多的议员使用，于是帝国议会决定建造一座新的、"符合德意志帝国议会的任务、符合德意志人民的代表地位的"国会建筑。经过长达 13 年的协商与讨论，最终确定按照法兰克福设计师保罗·瓦罗特（Paul Wallot）的设计来建造这座新的国会大厦。1884 年 6 月 9 日，议会大厦破土动工，威廉一世及其孙儿共同参加奠基典礼。当天倾盆大雨，大多数议会成员都不满选址，借口天气不佳而没有出席典礼。威廉一世虽然心有不悦，但看在下雨的份儿上也只好默许了这个借口。在他敲下象征性的一锤时，锤头不知为何飞了出去，众人面面相觑，大家心里分明都知道这不是什么好兆头，可也没人敢说什么。威廉一世尴尬的大笑了几声，将锤子丢在一边，"吉兆！破釜沉舟，必得天佑！"台下众人听罢，才稀稀落落的鼓起掌来。威廉一世松了口气，但心里仍旧七上八下，恐怕这座建筑要命途多舛。

国会大厦的建设相当不顺利。大厦的拱顶在当时的技术下没法实现，于是瓦罗特只好重新修改设计。为了兼顾美观、庄严、科学采光以及政治象征等多重要求，设计师反复修改大厦的外观和室内设计直到 1912 年去世。虽然国会大厦在 1894 年就已经竣工投入使用，但是因为腓特烈三世与威廉二世登基，很多装潢又要按照他们的身份和政治主张来修改，所以这座建筑一直处于修修补补的状态。根据历史资料记载，这座建筑本是打算献给德意志人民（Dem Deutschen Volke），威廉一世支持将这三个字刻在国会大厦的西门顶上，可惜他没有看到大厦竣工就先去面见上帝了。继位者孙子威廉二世却很厌烦这个提议，他认为帝国就是他们霍亨索伦王朝的，用不着向德意志百姓讨欢心，故意阻挠建筑师们将这三个字刻上去。直到 1916 年圣诞节，第一次世界大战的战火正在蔓延，为鼓舞人民奋勇作战，威廉二世才默许了这个建议。一战失败后，这座建筑经历了多次战火洗礼和装修重建，很多原件都被损毁、拆除。在为数不多的几件历史遗迹中，国会大厦西门上的"德意志人民"三个字历久弥新，如威廉一世言中，如有天佑。

1933 年，希特勒被授任为德国总理。他领导的纳粹党在当时只占有议会的 34% 的席位，他希望通过魏玛共和国宪法规定的《授权法》来获得跨越议会制订法律的权利，但是授权法需要议会 2/3 的议员同意才能生效。当时德国社会民主党握有 20% 的席位，共产党握有 17% 的席位，两党都坚持反对希特勒获得《授权法》。希特勒知道，要想获得绝对的权利，必须迫使其中一个党改变立场，柿子当然捡软的捏，于是他开始寻找制造压制共产党的机会。2 月底，国会发生火灾，内部烧毁痕迹严重，有明显的纵火痕迹。当夜，柏林消防队冲到国会大厦救火，由于已经是晚上 9 点多了，国会大厦里没有太多人员停留。当警察赶到主要起火地点时，在那里发现了失业的建筑工人马力努斯·范·德·卢贝（Marinus van der Lubbe）。他是一名才到德国不久的荷兰共产党人，一直想加入国会大厦的建筑团队，几次被拒，愤愤不平。

希特勒和戈林火速赶到现场，见警察正抓住了卢贝，问清楚之后发现他是个共产党，戈林立即大声宣布是共产党放的火，第二天，希特勒冲进总统兴登堡的办公室，强迫年迈的总统宣布国家已经处于生死存亡的紧急状态。根据魏玛宪法第 48 条，国家元首宣布国家处于紧急状态时可以启动《保护人民和国家的总统令》（Verordnung des Reichspräsidenten zum Schutz von Volk und Staat），总统有权在此时"采取任何必要的政策保护国家安全"。此举一下即刻废除《魏玛宪法》，同时规定叛国者必须处以死刑。仓促之下，可怜的卢贝被处以死刑，由于证据不足，其他共产党人被释放，在希特勒看来这简直就是奇耻大辱，恼羞成怒的他在大权在握之后立即重新组成了听命于他的"人民法院"，后来处死了很多无辜的人。

到底是谁放的火，历史上并无定论。但可以肯定的是，这次国会纵火案让希特勒获得了绝对的权力。1934年8月，兴登堡去世，希特勒直接通过《授权法》将总统总理权力集于一身，成为帝国元首兼总理，独裁专断，德国历史上最黑暗的时期由此开始。按照希特勒的狂想计划，纳粹要统治全世界，柏林会成为整个世界的中心。于是他废除了国会大厦的职能，将议会搬到别处，等待他的幻想中的"世界之都日耳曼尼亚"落成。

二战之后，苏联红军攻陷柏林。国会大厦早被废弃而失去了政治职能，但红军还以为这里是希特勒的政府所在地。红军登上国会大厦穹顶，将红旗插在上面，象征柏林已被苏联占领。还有红军从正门进入，在大厅的墙体上用俄语写下咒骂纳粹士兵和德国人民的话语。这面墙至今仍保留在国会大厦内部，据说战后大厦重新开放时特意接待过一批当年参加过攻陷柏林战争的苏联老兵及家人。有人认出了自己的笔记，污言秽语太难看，有的老兵希望移去自己的笔记，不想给自己的孙子孙女看见。德国政府按照他们的愿望涂抹掉了过于粗俗的涂鸦，但仍坚持保留了大部分诅咒和怨恨，这是德国历史上的疤痕，留在这里，警醒后人。

第二次世界大战结束之后，国会大厦由于遭受战火袭击，那座主穹顶不得不被拆除以减少对承重墙的压力。分区占领的柏林被一道墙分割东西，国会大厦虽然在西柏林，但由于西德政府已经迁往波恩，这座国会大厦依然没有恢复往昔的功能。1961年，建筑师保罗·鲍姆盖特（Paul Baumgarten）负责翻修重建。重建完成后，这座建筑主要用于展览西德历史，解释西德面临的国际格局，最主要是供人们登上建筑看看不远处的柏林墙。两德合并之后，联邦政府从波恩迁回柏林，这座建筑才恢复了旧职，重新为德意志政府遮风挡雨。

如今游客参观的这座充满现代设计感的国会大厦是于1995年再次重建的。在二战后被拆除的穹顶被一座结实美观的玻璃穹顶所代替。国会大厦是德国议会的所在地，也就是德国政府的中枢核心，选用玻璃穹顶的政治寓意诚心可鉴，意在告诉来者，现在的德国联邦政府是透明、清晰、规范、人性化的政府，一举一动都在德国公民和世界游客的注目之下，对自己负责，也请世界监督。这座玻璃穹顶有一组玻璃桥，可以直通顶端，顺着玻璃桥上攀，360°俯览柏林全市风貌，博物馆岛，柏林大教堂，波茨坦广场，蒂尔加滕花园……仿佛只要张开手臂，就可以拥抱整个城市。夏日游览柏林，提前预约，午后登顶，阳光清澈，整个城市金光夺目，美不胜收。不止是玻璃穹顶可以让游览者远距离接触德国政

德国国会大厦

要，如果有兴趣还可以向国会大厦申请议会旁听。在议会厅的二楼有专门为旁听者提供的席位，如有不懂、不满意的地方，还可以发邮件给政府相关部门咨询，一定会得到回复。

柏林市中心这座华美又现代的建筑，堪称传承与创新的经典结合。作为德国的政治中心，它曾是壮志雄心，也化身作欲望与野心，经历在黑暗统治下的支离破碎，如今以清透的姿态奉上一颗施普雷河畔的赤子诚心，映照出柏林绚丽缤纷的色彩。

谁主沉浮：德国的政党、议会、总理

在上一篇"柏林之心"中提到，柏林市中心那幢古老又现代的国会大厦是今天德国联邦议会的集会地址。那么到底都是些什么人在里面工作？这些人的工作和德国总统、总理是什么关系？

德国的最高立法机构由两个部分组成，如同英美一样，是由参议院（上议院）和众议院（下议院）组成的。在德国，联邦议会（Bundestag，对应英美的众议院／下议院）的构成基础是以党派划分的，共有598个席位。老百姓给联邦议员投票的时候是要投两份，第一份直接选举本区的议员，第二份投给自己心仪的政党，再由政党按照得票比例分给本党的议员。政党指派，加上百姓直选，这批议员按党派组成议会内的代表集合。联邦议会因为人数众多，对于政策制订、选举总理等事宜都有较主要的话语权。也是因此，联邦议会的议长可谓是位高权重，"一人之下，万人之上"，当之无愧的政治第二人。联邦参议院（Bundesrat，对应英美的参议院／上议院）则是由69各席位组成的小规模议会，这些席位是按照联邦州人口比例分配的，由联邦州的州议会推举代表来参加会议。虽然规模小，却也是德国最高立法机构不可或缺的一部分，参议院议长的地位仅次于联邦议会议长的地位，是德国政治第三人，在联邦议会议长病歇的时候，参议院议长会为其代职。

在联邦议会议长和参议院议长之上的政治第一人是联邦总统。德国总统是德国的最高国家元首，对内对外都代表德国，最主要的职责是签署并公布由联邦议会和联邦参议院通过的、由联邦总理和有关联邦政府部长签署的法律法令；他可以根据联邦议会的决定任免联邦总理、根据联邦总理的提名任免联邦政府各部长；联邦总统还主持国家的礼仪性活动。关于德国总统职权的法律条文总是写得一本正经，我们倒是可以将它简化起来理解：德国总统的职责就是签字和碰杯。

说起来德国总统这一职位，虽然冠以"总统"之称，但是和忙忙碌碌，熬白了头发的美国总统完全不同。倒是有点像优雅的英国女皇，贵为国家元首，并不享有真正的行政权，只是负责签字和礼仪性的工作。德国总统成为虚职还是出于历史原因的考虑。在魏玛共和国时期（1918—1933），国家总统（Reichspräsident）享有很大权力，不仅代表国家，而且可以通过直接解散议会和任免总理来施加自己的影响力。此外，总统享有颁布紧急状态法案的权力，同时兼任军队最高领导人，权力之大足以与帝王相较。然而，正是这个权力无边的总统宝座给了希特勒绝好的机会篡夺国家权威，竟然以完全合法的手段当上了国家元首，废除共和制，建立纳粹独裁政权，血染欧罗巴，罪孽深重。战争结束后，联邦德国吸取惨痛的历史教训，极大地限制了联邦总统的政治权力，让这位总统不能选任总理，不能颁布紧急法案，也不再担任军队最高领导，而且总统的任期与德国总理也不同。德国总理及议会是四年一次换届选举，不限制连任；而总统则由最高立法机构推选担任，五年一换届，最多任两届。在法律层面上，总统的权力被基本架空，只留下了一个虚位作为德国的代表。

在德国握有真正实权的人是联邦总理，是德国最高行政长官，联邦政府首脑。虽然看起来德国总理内政外交大权在握，在国际舞台上异常活跃，但在德国政治地位排行中，德国总理只能排到第四位，受制于联邦议会及参议院，更不能以国家元首的身份代表德国，没有德国总统的签字不能就任。"总理"这一职位的历史可以追溯到神圣罗马帝国时期，后在俾斯麦时期达到顶峰，成为帝国的缔造者。尽管如此，帝国总理（Reichskanzler）也依然受制于德皇威廉二世，在与皇帝发生分歧的时候只能离开政坛。德国总理并非由选民直接选举产生，选民的选票是投给联邦议会的，根据党派和地区代表党派的多寡决定议会内的多数党，多数党的党魁即总理候选人，经过总统签署授权，成为德国总理。德国总理有权组织自己的内阁，选拔合适的人选就任各部门部长，掌管德国内政外交。为避免支离破碎的小党派过多，选举法规定，一个政党如果想要进入议会，就必须获得全国 5% 以上的支持率（百分之五门槛，Fünfprozenthürde）。尽管如此，多党制度下，党派还是比较分散，选票也很难大部分集中在某一个大党派手中。就算总理所在党占多数，也很难拥有超过半数的票源，因此总理一般会选择另外一个党派做合作伙伴，建立联合政府。通常情况下，联合执政党派的党魁会被提名做副总理。

常年在德国联邦议会内的政党有五个，分别是德国基督教民主联盟（CDU）/拜仁基督教社会联盟（CSU），德国社会民主党（SPD），德国绿党（Grüne），德国左派党（Linke），德国自由民主党（FDP）。从战后 1950 年至今，已有 8 位杰出的政治人物担任过德国总理一职，分别出自德国最大的两个政党：基民盟和社民党。

德国基督教民主联盟（CDU，Deutschlands Christlich-Demokratische Union）/拜仁基督教社会联盟（CSU，Christlich-

Soziale Union in Bayern）是姐妹政党，合称联合党（Union），是现在议会的多数党，在议会中多用黑色表示。基民盟，顾名思义，是以宗教为基础组织起来的保守型政党，政治立场偏右。基民盟于二战后1945年12月成立，于1947年和拜仁基督教民主联盟结成姐妹党，在德国西南地区（传统的天主教区）享有极大影响力。自1950年至今，基民盟已有5位主席做过德国的总理，分别是德国战后第一任总理康拉德·阿登纳，培育了德国经济奇迹的社会市场经济之父路德维希·艾尔哈德，出身尴尬时运不济的总理库尔特·乔治·基辛格，对欧盟一体化做出杰出贡献的赫尔穆特·科尔，以及德国第一任女性总理，现任总理安格拉·默克尔。

德国社会民主党（SPD，Sozialdemokratische Partei Deutschlands）是德国最古老的政党，在议会中多用红色表示，与工会关系密切，主张以改革的方式来实现德国社会的社会主义改造目标，政治立场偏左。社民党成立于1863年，前身是"全德意志工人联合会"，在马克思的调解下，与"德意志社会民主工党"合并成为德国社会主义工人党。经历第一次世界大战之后，支持十月革命的更左一派从社民党中脱离出来组成德国共产党，正是与社民党分离。在希特勒登台之前，社民党握有20%的选票，是魏玛议会中第二大党，铁骨硬汉，坚决不向纳粹妥协。就在希特勒栽赃共产党纵火国会，企图通过《授权法》获得大权之时，社民党是唯一一个投了反对票的政党。纳粹上台之后，希特勒难解一票之恨，下令取缔社民党，二战结束后重组，再出江湖。到今天为止，社民党一共出了三位总理，分别是带领德国重回欧洲怀抱的维利·勃兰特，中国人民的老朋友赫尔穆特·施密特，以及默克尔的前任格哈特·施罗德。

绿党的全称是联盟90/绿党（Bündnis 90/Die Grünen），前身是上世纪70年代活跃在德国政坛上的绿色和平组织，1980年在西德正式注册成为政党，是当今世界上成立最早，也是运作最成功的绿色政党组织。这个政党反对环境污染，反对使用核能，反对北约扩军，以及过度工业化的行为，反对限制移民和堕胎、提倡人道主义关怀、为同性恋争取权益、反对使用核能、倡导节能减排的生活方式，算是德国比较激进的一个党派，很多年轻人比较倾向绿党的政见。两德统一之后，绿党受到前东德地区的欢迎，在前东德选民的支持下，绿党第一次进入议会，将绿色的政治主张带入德国政治生活。2002年，绿党以8.8%的选票获得议会席位55个，成为仅次于基民盟和社民党的第三大党。时任总理施罗德邀请绿党联合执政，这也是绿党第一次成为执政党。德国是一个热爱森林和自然的民族，每当遇到重大环境问题时，德国政坛就特别紧张。2011年，福岛危机爆发，绿党的反核电主张再度成为焦点。当时默克尔费劲心力才争取到延长核电站的使用，力图将德国的电价维持在一个可支付的水平，然而福岛危机爆发之后德国人的反核电情绪到达顶峰。在联邦州巴登符腾堡，绿党一下获得了将近 25% 的选票，成为第二大党，并在社民党的支持下，绿党人士在当年当选了巴登符腾堡州的州长。临近 2013 大选年，默克尔领导的基民盟可吃不起这个亏。为了保住选票，稳定德国民众的反核情绪，默克尔只得痛下决心废除核电。针对这件事，和一位绿党教授聊的时候他表示很气愤，"默克尔根本就不是诚心实意想废除核电！她就是想做总理！比绿党更绿党的基民盟？她以为德国人会买账吗!？"终究，德国人还是买了默克尔的账，大选之后基民盟依然稳居议会首位，默克尔连任德国总理。但是签下的政治支票终究是要来兑现的，现在德国电价居高不下，全德上下仍然一副咬紧牙关，坚持到底的模样。风水轮流转，2017年大选将近，能源政策想必又要进行一番大修大改。

左派党（Die Linke）是德国政治光谱中最左的一个党，成立于 2007 年，可以说是东德执政党德国统一社会党的主要政治遗产继承者，在德国联邦议会常以深红色表示。这个党派主张建立一个人人平等的福利型社会，最终是为了实现民主社会主义。左派党的政治主张也很明了：反对全球资本主义，反对剥削，反对种族主义，反对军国主义，以人为本，与共产党的诸多主张多有类似，在新联邦州仍有不少支持者。

自由民主党（FDP，Freie Demokratische Partei）是一个历史悠久的党派，该党于1948年由九个在纳粹执政时期被取缔的政党合并而成。自由民主党是德国的自由主义政党，属于中间派，在德国议会中常以黄色来表示。自民党支持经济自由市场经济，建议政府减少干预，减少政府机构和官僚规章制度，减少收税，减少福利补贴。虽然减少税收这一主张让自民党赢得了许多选民的支持，但关于福利政策的考量又让一大部分选民在其他党派之间摇摆不定。

除了这五个德国联邦议会的"常任"党派之外，有一些党派也政治局势与其政治主张的宣传时机而受到关注。前几年比较出名的有德国海盗党（Piratenpartei Deutschland），这是一个参照瑞典盗版党的模式组建的党派。支持资讯自由，开放专利，资源共享，政府透明，反对贪污腐败。2011年，海盗党获得9%的选票，首次进入议会，一时间备受关注，很受年轻人的欢迎。

近年来最受瞩目的应该要数德国另类选择党（AfD，Alternative für Deutschland），这是一个2013年才成立的新型右派政党。面对欧洲经济危机和欧洲的国际地位持续下跌，该党提出应当废除欧元，避免无竞争力的国家拖累欧元区，妨碍欧洲融合，这一主张获得了许多欧洲怀疑派选民的支持。

随着德国开放边境欢迎难民，越来越多的社会矛盾逐渐升级，德国社会治安日益堪忧，该党大声疾呼，限制难民，事不宜迟，甚至倡议要遣返不符合避难条件的难民。虽然默克尔的难民政策已被国际社会抬高成为道德标杆，但承受文化冲击和治安危机的人却是德国本国居民。在这种情况下，德国另类选择党呼声渐高。在2016年3月中旬的初期投票日中，德国另类选择党在萨克森-安哈尔特州一举获得24%的支持率，截至本文落笔之日，该党的全国支持率已经到达10.2%，成为全国支持率第三高的党派。可以预见在2017年大选中，德国另类选择党将会以黑马的姿态震撼政坛。

2017年大选将近，面对电价攀高、难民涌入、欧债危机等诸多压力，默克尔是否能再次赢得德国选民的信心？选举带来的政治格局的变动能否缓解现在德国的处境？当局者迷，旁观者亦不清。何去何从？唯有拭目以观。

现实与理想之间：洪堡与德国教育

从勃兰登堡门出发，沿着菩提树下大街一路向东，走走停停。不消一个钟头，就能走到洪堡大学，洪堡两兄弟的塑像沐雨经霜。都是上百岁的老人了，哥哥威廉沉稳庄重，而弟弟亚历山大依然好奇心不减，友好地瞅着往来的游客。马路对面是柏林国家歌剧院，不远处是横贯南北的施普雷河，岸堤下是前东德博物馆，拾级而上，开阔的草坪后面矗立着柏林大教堂。再向东逛逛，是亚历山大广场，东德时期的建筑特色依旧鲜明。一路走马观花，菩提树下大街仿佛代言了这片土地近三百年的兴衰与荣辱。而在这条街的正中央，正是洪堡兄弟所创立的大学，如定心石一样牢牢镇住了风雨飘摇的德意志。

从四分五裂的邦国，到统一的帝国；从战后的断壁残垣，到今天的欧洲经济大国；从曾经的战争机器，到如今和平欧盟的缔造者。惊涛骇浪也罢，烈日暴晒也好，德国一次又一次挣扎在历史的狂想和现实的痉挛中。而点醒梦中人的，用弗里德里希·谢林的话说，"是知识"。

19世纪初，德意志邦国拼命维系着神圣罗马帝国余辉下的最后一点尊严。拿破仑军队席卷欧洲，帝国不再，河山易主，礼崩乐坏，瓦釜雷鸣。剧痛的时代，亦是剧变的时代。剧变之下的普鲁士，洪堡兄弟是当之无愧的弄潮者。

洪堡家族祖上是靠军功和与富豪联姻成为普鲁士贵族的。就这一点上来说，在注重血统的欧洲上层社会里，洪堡一家也并不是很有面子。也许正是这样，洪堡兄弟大概也从小就被教育，要好好学习，将来出人头地。哥哥威廉·冯·洪堡是个乖乖长子，语言天才，品学兼优，孝敬父母，尊重师长；而弟弟亚历山大·冯·洪堡性格则完全不同：翻墙，爬树，掏鸟蛋，抓青蛙，完全不像个好学生。虽然兄弟俩性格各异，但却同样热爱知识和书籍。哥哥的兴趣在人文语言，而弟弟的兴趣则是自然科学。在父母去世之后，威廉担起一家之主的重任，出任普鲁士驻罗马使节；而亚历山大终于从父母繁缛的贵族礼仪中解放出来，装点行囊到美洲探险去了。出发那晚，威廉目送亚历山大搭乘的船消失在紫红色的晚霞中，渐行渐远。而那时兄弟两人都不知道，这是属于帝国的黄昏。

然而，黄昏来了，黎明还会远吗？

拿破仑战争之后，普鲁士惨败。为了再次跻身欧洲强国

威廉·冯·洪堡（1767—1835）

之列，普鲁士王室痛定思痛，在法国启蒙运动的影响下进行了一次彻底的政治改革。在这次浪潮中，威廉·洪堡请辞外交官职，作为教育改革的领军人物回到普鲁士。因其教育和家庭背景，威廉·洪堡极其强调基础教育的普及性和高等教育的批判性。基础教育被洪堡称为"面包教育"——它也许不能让你饱餐，却能让你不再挨饿，这是活命的根本。在谈复兴和繁荣之前，一个民族首先要考虑的是如何存活，因此每一个国民的温饱问题就变得至关重要。解决精神饥饿，普及基础教育，这是洪堡对教育改革提出的第一点原则。作为兄长，威廉·洪堡认为过去的旧式教育压抑了弟弟的天性——对于老师的言听计从和父母的唯命是从让对世界充满好奇的他度日如年。在接受完基础教育之后，走进高等教育学府的学子应当有能力批判和发问。只有对世界好奇，敢于挑战传统观点，人类文明的进步才具有无限可能。根据这两点原则，洪堡的教育改革分成三个部分进行。

第一个部分是机构改革。在洪堡的倡议下，普鲁士王室撤掉教育系统的冗官冗员，精简机构。威廉·洪堡将教育机构分成国民学校（Volksschule），高等中学（Gymnasiums）和大学（Universität），这基本对应于我国小学＋初中，高中和大学。初级教育包括简单的读写和算术能力，中等教育则要加入一些复杂的科学和文法及写作训练，而大学教育则属于科研范畴，是开拓眼界和提出新思想的地方。洪堡率先在柏林和波恩开办现代大学，普鲁士王室将王子行宫捐出来作为教学楼，且为大学配备图书馆，实验室等基础设施，让学生和学者可以更好的研究。同时，基础教育应为义务教育，是每个普鲁士公民都应享有的权利和义务。无论是山坳还是边陲，每个孩子都必须接受读写教育。通过全民义务教育，普鲁士的文盲率快速下降，一度成为欧洲读写率最高的国家之一。

第二个改革的重点是录取制度。在普鲁士教育改革之前，教育机构的录取权大多掌握在教会和贵族手里。这就造成了任人唯亲或任人唯钱——我家是贵族，我就能上大学。面对诸多压力，威廉·洪堡依然决定废除贵族的这项特权，他要为普鲁士寻找人才，机会均等。为了实现这一目标，首先要取缔的就是教会对录取的绝对控制权。这个权利收归教育部门管辖，制订一系列考试制度（Abitur），在接受过高等中学教育之后，能通过测试达标的便有资格进入大学学习。

所有参加过高考的人对这一考试制度都不陌生。若是放回到中国古代来说，与 Abitur 类似的就是科举制度了。十年寒窗，无论是达官贵人还是平民百姓，只要能在考试中脱颖而出，就有资格进入国家的智库，成为国之栋梁。科举制度虽然在近代饱受诟病，但它确实是平民子弟翻身出头的唯一办法。但我们也会好奇，我国科举制度延续千年之久，德意志的 Abitur 制度才三百年左右，为什么中国从来没有黑格尔、韦伯、狄赛尔？

首先，这个问题就值得推敲。现在我国的教育制度，学科定义乃至课程规划都仿制欧美，我们称之为"与世界接轨"，所以哲学、社会学和自然科学都向西方标准看齐，在西方哲学和科学体系的语境下，如此设问自然无解，但这并不能说明中国没有杰出的思想和科技人才，切勿妄自菲薄。再次，科举和高考与 Abitur 仍然不同。中国的考试制度着重考察学生的记忆和文笔，于是大文豪如苏轼、王安石等则脱颖而出。今天我们可以自豪地说，中文能表达的美与人文感受不输给世界上的任何一种语言，这仍要感谢漫长历史中那些文人墨客留给我们的宝贵语言遗产；在数学和工程领域，中国学生扎实的功底和牢固的基础知识，在国际上也获得一致认可。对于以德国为代表的欧美国家来说，考试注重考察推理和逻辑能力。通过简单的基础知识是否能推理出更加复杂的计算过程。这套体制下拣选出的人才，自然具有严密的逻辑思维。但是，今天的文化对比下我们总喜欢认为西方这套制度是好的，"有用的"。诚然，中国和欧美考试的侧重点不一样，却同样重要。良好的语文能力和记忆力能帮助人类认清自我，而严谨的推理能力则有助于认识世界，二者密不可分，并无优劣。

真正使德意志成为教育强国的，是洪堡改革的第三部分：教育理念。

德国大学大多没有围墙，它们以学区的形式分散在城市的许多角落。在战火纷飞的19、20世纪，守护住德意志民族良知的，就是洪堡兄弟留下的这份学术自由的执着信仰。在亚历山大·洪堡游历美洲归来之后，他所带回的气象学、地理学、生态学等知识极大地扩充了当时欧洲学术界的知识储备。而在威廉·洪堡所创制的教育理念的影响下，更多的学生获得了探索世界的自由与机遇。

威廉·洪堡认为，大学应独立于政府而存在，它研究的内容和使用的信息资料，不应受任何政治干预。虽然普鲁士王室是柏林大学的最大"股东"，又忍痛割爱将王子行宫捐做教学楼，但王室仍然无权干涉在大学进行的任何一项研究。只要教授能够阐述某项研究的可行性，就不存在"没有价值的研究"。在学术的世界中，每一点点努力都值得尊重，每一次尝试都值得珍视。洪堡认为，学术研究（Forschung）包含两个概念，其一是突破性的发现（Entdeckung），其二是在已有的发现上的完善和推广（Verbesserung）。这里是大学，是离人类智慧极限最近的地方，唯有通过不断的思考和讨论，灵感和机遇才会到来。人类文明正是这样一点一点缓慢突破，在积累中前行，才成为宇宙中那根历经风雨却依旧不倒的芦苇。

在大学的课程设置主要分为两种类型：大课（Vorlesung）和研讨课（Seminar）。在大课上，教授要为学生讲解自己的研究成果，展示自己的思考过程，并启发学生持续思考。在研讨课上，学生被分为小组和教授直接会面，学生可以提出质疑，甚至修正教授的研究方法。作为教授，一旦进入大学就一定要做好心理准备，随时被自己的学生超越。或者可以说，培养出能够超越自己的学生才是教授学术生涯中最欣慰的事。在大学，虽然闻道有先后，术业有专攻，但学生和教授的人格地位绝对平等。于是，在洪堡的教育理念下，大学具有了独自呼吸的学术生态系统：教学相长，学术相生。

在 1810 年教育改革后的两百年里，普鲁士统一德国，这片土地经历战争的洗礼，饱经风霜，也陷入魔鬼之手，几经离散，最终回到欧洲和世界的怀抱。如今，德国教育体系也与洪堡时代有所不同，它变得更为细化。中学分为私立和公立，也有职高和中专，大学则分成研究型大学和应用技术型大学（Fachhochschule），为天赋不同志向不同的学生提供各种机会。并非每个人都愿以学术为理想职业，也并非所有人都有天赋去问鼎智慧巅峰；合家美满，现世安稳，这也是普通人所期望的幸福生活。在现实与理想之间的距离，不是努

柏林洪堡大学图书馆

力或勇气，回想谢林的话：是知识——它足够帮我们认清理想不是狂想，现实也并不沮丧。每每谈到现代德国的教育制度，眼花缭乱的表格总让人觉得复杂繁琐，然而这样的改制却也恰恰再次兑现了洪堡兄弟关于国民教育的诺言——在知识的世界里，人人平等，人人自由。

薄冰之上：德国社会市场经济

那个不寻常的五月里，依然有着寻常春季的味道。日光渐长，破碎的教堂在影子里缓慢生长，逃过劫难的植物在春风里沙沙作响。酷暑未至，莱茵河畔的夜风依然温凉。1945年，对于元气大伤的欧洲来说，硝烟息止的那一刻，另一场无声的苦难才刚刚开始。

有人说，从疯狂中清醒过来的痛苦才是最难熬的。从希特勒挟持的梦魇下挣扎着回到现实，德意志发现自己正绑在瓦砾堆成的病床上，四位穿军装的医师除下口罩，宣告截肢手术完成，"日后好自为之。"拄着拐杖，拖着断腿，德国站在欧洲的十字路口，寂静无声中只有五月的斜阳在地平线上跳动。这片曾壮美的山河在自己的癫疯中沦为焦土，故乡不再，亲人离散，家破人亡。身后无助的妇人与孩童正在废墟里徘徊、翻找。影子被逐渐暗淡的光线推得很长，犯下滔天罪行的德国站在黑暗的起点，一眨眼，夕阳与眼泪一同落下，在血色的土地上难辨真假。战后的那个冬天，德国普通居民的死亡人数至少十万。冤魂讨债，漫长的冬季诅咒着这片已血流成河的土地，四个月间仅柏林一地就有上千人冻饿而死。

"欧洲现在怎样？它是一座瓦砾堆，一个尸骨收容所，一个滋生瘟疫与憎恨的温床。"丘吉尔绝望地写到。据英国方面估计，凭借德国当时的幸存人口，单只是要清除瓦砾就要花上几十年，更别提经济发展了。按照占领当局最初制定的工业发展计划目标，要五年才能实现每个德国人拥有一只盘子，五十年后每位男士才可能拥有一套西装。

穷困潦倒的德国人回忆起两次世界大战间的经济灾难。以自由竞争为信条的市场经济在德国历史上成为恶性通胀、严重的经济危机、绝望的大萧条等一系列痛苦回忆的根源，幸存下来的德国人对它并无好感。与此同时，人们又回想起纳粹初期计划经济所创造的辉煌盛世，也看到计划体制下苏联经济连续 20 年突飞猛进。种种案例当前，当时的德国人不得不相信在特别困难的时候，计划经济才是能够救德国于水火的良药。也正是因此，战后的西德最初选择了计划经济作为第一自救方案。然而 1947 年，杜鲁门主义出台，冷战爆发，以美国为首的西德三大占领国认为西德服下"计划经济"这味药无异于饮鸩止渴，在美国的支持下，西德逐步按照西方模式恢复重建。病入膏肓如西德，光靠占领国开的药方输液吃药肯定是不行的，想要痊愈，必须靠自身调理才行。战后西方三国医生和苏联医生开出的药方不同，究竟要怎样服用才能从手术后的阵痛中缓解过来，只有患者自己最清楚。

战争结束后，盟国在德国各区推行了极为严格的军事及经济管制，以此来分配有限的物资，确保德国不会再出现饿殍遍野的惨状。然而，货币问题在美英法占领区与苏占区之间一直未能谈妥。随着冷战升级，联合占领区决定撇开苏联，推出新货币。1948 年，来自巴伐利亚的经济学家路德维希·艾哈德担任美英法联合占领区的经济部长，历史选择他来完成西德的货币改革任务。这位生于商人之家，有着丰富的企业管理经验和良好学术修养的经济学者是自由市场经济坚定的支持者，在赞成货币改革的前提下，艾哈德比西方经济学家更进一步，他认为务必取消占领区的经济统制。在艾哈德看来，只有自由的市场体制才能最大程度的激发人们的潜能，从根本上解决物资不足、黑市横行的问题。可是在占领当局看来，过早的拆开绷带只会造成原本愈合的伤口大出血，是万万使不得的。

自己的身体自己清楚。1947 年 7 月，艾哈德利用美军放假的周日竭力促成了一项法令通过——正是这项法令一剪子拆开了束缚德国腿脚的绷带。当美军第二天上班时发现法令已生效，十分气恼，质问艾哈德："教授，您擅自改变了我们的配给制!？"艾哈德不卑不亢："我没有改变它们。我只是废除了它们。"在短暂的时间内，配给制的取消的确引发了物价上涨和失业率的增加，艾哈德顶住压力拒绝让步，他苦口婆心地劝那些因阵痛而恐慌的政治家们——"这只是暂时的！德国不能打一辈子止痛药！"有人说，新生的德国像婴儿一样脆弱，不细心呵护，他该如何长大？可在艾哈德看来，德国从来不是娇嫩的婴儿，他本是雄鹰，也注定要像鹰一样出生成长。在战火中，他活过来了，现在是时候将他推出巢穴，在严酷的市场竞争中历练重生。在艾哈德的坚持下，1950年，市场价格恢复稳定，就业率稳步上升。由于生产的大幅增长，物价开始下降，并且从此稳定下来。币制改革后的第一年，西德的国内生产总值就翻了一番，而到了下一年，生产总值就已超过了战前最高的1938年的水平。

艾哈德为德国开出的这剂药方被称为"社会市场经济"，也就是所谓的"德国经济模式"，或者"莱茵模式"。社会市场经济的概念最早要追溯到阿尔弗雷德·米勒—阿尔玛克1947年出版的《经济统制与市场经济》一书。

在当时，"社会"化与"市场"化几乎是不可兼容的两

"社会市场经济之父"路德维希·艾哈德（1897—1977）

个经济概念，而在米勒—阿尔玛克看来，用"社会"作为定语，一来是可以安抚战后人们对市场的忧虑，二来强调社会政策对于市场经济的重要性；另一方面，战后物资极端匮乏，米勒—阿尔玛克依然认为当务之急建立和维护竞争秩序，以满足迫在眉睫的经济增长需要。"社会市场经济"这一概念里，市场经济是整个架构的核心，在这个基础之上，各种理念不断共容、演化、形成开放的经济制度。在这个框架下，不同立场持有者可各取所需，根据当前社会局势的需要而制定灵活、有效的经济政策。这个制度中，最特殊的是"社会"这一定语，因为社会的多样性，社会市场经济也就存在着多种色彩的解读视角，因此具有了较大的包容性。但是，社会市场经济并不是夹在市场经济和计划经济中间的第三条路，也不是提供完全保障的福利国家，而是一种注重社会的特殊类型市场经济。在灵活、包容的经济框架下，给予市场经济最大的自由度，但辅以社会补充和保障，"通过实施与市场规律相适应的社会政策，来有意识地将社会目标纳入其中"。在对社会市场经济这一经济架构的实现方面，艾哈德比在米勒—阿尔玛克更偏向市场化——他认为，市场程度越高，政府在经济环节中的作用越弱。不过两人都赞同，社会市场经济的原则下，通过竞争秩序实现经济增长是社会福利的基础，增长政策要优先于分配政策。从这个理念出发，也就不难理解 1947 年 7 月时候，艾哈德为何千方百计绕开占领国的配给制，将刚刚喘过气的德国一把推进残酷的竞技场。

担一国之重任，怎么可能不关怀德国的前途未来？为人父母，谁舍得自己的孩子忍受风吹雨打？然而没有历练也没有成长，老鹰不会一辈子庇护幼鹰；医院不可能永远收容病患。对于德国来说，社会市场经济就是针对自身状况而开出的一剂调理药方。它拒绝去医院挂吊瓶，绝不躺在病床上靠营养液维持生命；也不抵触药物，觉得不舒服就服一点药，等到伤口好转再做康复训练。这样的疗法想必要比单纯输液痛苦不少，每一次康复训练都会带来肌肉撕裂，伤口刺痛，但却是一次又一次的咬牙坚持，才让整个机体重新获得活力。

在艾哈德的坚持下，在西德政府的支持下，德国迎来了真正的春天。1959 年，依旧是寻常春日，曾写下绝望德国的《泰晤士报》社论，称德国战后十年为欧洲的经济奇迹（Witrschaftswunder），而这场魔法的导演艾哈德也被称为德国的"社会市场经济之父"。也许这世上本没有什么奇迹，智慧与决心已足够扬帆再度起航，而能否远洋，实则依靠水手的辛劳。据统计，1955 年，西德工人平均每周工作长达 50

小时，比英国工人多 3 小时，而平均工资实际上直到 1956
年才达到战前 1938 年的水平。不知道对德国人刻板、工作
狂的印象是不是从这段岁月才传遍世界，但无疑，德国的经
济奇迹就在这无声的专注中悄然绽放。1950—1960 年，西德
国民经济劳动生产率年平均增长 5.3%，50 年代西德经济发
展进入繁荣时期，60 年代西德已经超过英法，成为欧洲头号
资本主义强国、世界第三大经济体。出生于 60 年代后的孩子
们，怎会知道如今的辉煌坐落于饥馑之上，又有谁知道瓦砾
上的血色与泪光？

　　春末黄昏，从柏林市中心的威廉皇帝纪念教堂（Kaiser-
Wilhelm-Gedächtniskirche）沿着陶恩沁恩（Tauentzienstraße）
大街向东南缓踱，街边商铺林立，这里算得上是柏林最繁华
的商业区之一。行至威腾贝格广场（Wittenberg Platz），右
手边一座富丽堂皇的建筑物点亮橱窗，穿着锦衣貂裘的贵
妇名媛穿梭其间，一扇旋转门后，竟藏着 20 世纪 20 年代
黄金时代的柏林。这里是西柏林地标性建筑之一 KaDeWe
（Kaufhaus des Westerns，西德百货），也是战后经济奇迹的
最佳见证者，它一度是德国经济腾飞的标志性建筑，如同天
津劝业场一样，那是辉煌、财富、时尚与生活品质的象征，
是整个时代腾飞的纪念。KaDeWe 顶楼一位安详的老人选好
一块蛋糕，坐在靠窗的位置慢慢品尝。浮光幻影，觥筹交错，

整个建筑璀璨得像一场梦。远处破损的教堂传来入夜的钟声，咖啡的醇苦与果酱的甜腻交织成时光的味道。

斜阳隐没，一路喧嚣融进墨色。春夜一如往常。

匠 心

科 学 工 业

　　1887年，英国议会通过侮辱性商标法，规定所有从德国进口的商品必须标注"德国制造"的字样，以区别品质优良的英国本地产品。一个多世纪之后，Made in Germany则成为了品位与质量的保证。

　　德国制造虽说确有被过度神话的嫌疑，毕竟越王剑也会生锈，没有什么产品可以用上百年还完好如初，但德国企业有序的管理方法，手艺人精益求精的匠心精神，已为德式工艺锻造了最精良的内核，足以让德国生产的商品在全球市场中接受考验。虽然德国制造在20世纪才享誉全球，但德国学者与匠人的初心却如莱茵河般绵长，可以追溯至五百年之前。

　　自1450年，来自美因茨的古腾堡发明了活字印刷术，自此知识的垄断权被打破，如旧时王谢堂前燕，如今也终于飞入了寻常百姓家。在那之后不久，马丁·路德将圣经翻译成德文，语言与文法的统一为知识的传播消除了障碍。19世纪初期，来自普鲁士的贵族，洪堡兄弟大力推广教育改革，建立专精的研究机构与职业教育，为德国科学技术的发展铺平了道路。进入20世纪，经过了将近三百年的铺垫，这片曾经贫瘠的沙地上终于杰出了科学的硕果，德国在化工、物理、医疗、冶炼、光学、机械等方面取得了震惊世界的成就。

如今我们生活的时代，五光十色，日新月异，很大程度上仍要感谢两百年前的这批科学家与发明家们，为我们勾勒出这样一个多彩且复杂世界的模样。化工染剂的出现为我们带来了超越植物矿物的色彩，也将"追求美丽"的权利赋予到每一个心怀幻想的少男少女手中。来自韦茨拉尔，莱卡公司的光学专家巴纳克改良照相机，将35mm胶片塞入便携照相机当中，改写了相机的历史，也使"记录美丽"成为人人可享的便利。

莱茵女神之美丽堪比星辰，却也是神武勇敢的战士。拿破仑战争之后，德意志地区西迁，在鲁尔区一代发现煤钢矿藏，顺风借势，德意志战车引擎的轰鸣声震响山河。一座座炼钢厂拔地而起，怀着野心与梦想的发明家与实业家们用炙热的铁浆锻造出德意志的强国之路。火车飞驰在波德平原上，车身碾压铁轨的声音犹如长龙呼啸；汽车奔驰在莱茵河畔，风景与时光逆行，轮胎之上的德意志正以近乎飞的速度成长；克虏伯的大炮帮助普鲁士完成统一，19世纪末期又远销海外，成为北洋水师中最具威力的武器。

"德国制造"虽然创造了诸多奇迹，大多数企业却难以逃脱战争与独裁统治的魔爪。两次世界大战之间，这些曾经创造了崛起梦想的实业家与技术工人最终沦为战争的奴隶，战后百口莫辩，待候历史审判。然而真正的知识绝不会向黑暗屈服，德国物理学家用整个20世纪谱写了智慧与良知的绝响。热力学、理论物理、熵、普朗克常数，这些概念对我们来说也许太过遥远，而正是一位位在孤独中行走的科学家将这些复杂如星系的概念捕捉到人世间，重建了牛顿力学后险些瓦解崩塌的物理世界。他们没有屈从权威，也绝不向邪恶妥协。坚守真理与良知的信念构筑了德意志的脊梁。

容颜易逝，钢铁锈黄，唯有匠心不老。

纸墨邀明月：古腾堡与印刷术

在德国最难熬的是冬季。长夜漫漫，雪雾飞天，一到周末电影院音乐厅基本全都关门，着实让人感到抑郁。无奈之际，还好有书本作伴：昼短苦夜长，何不秉烛游？

德国确实是个爱书人的国度。作为虽然母语使用者只有全世界人口 1.2% 的德语，却占了世界书籍出版量的 12%，足见德国人对书的痴爱。也许同样是因严冬难耐，他们囤起书来倒是颇有冬储大白菜的架势。看来无论亚欧，理想的冬季也大致相同：大雪封山好读书，土豆白菜保平安。

然而，在千百年前的欧洲，阅读书本却是王公贵族或主教神甫的特权，寻常百姓根本无权问津。由于制造一本书的成本极高，要用上百张羊皮，雇几十名抄写员抄写好几年——如此高昂的价格平民百姓自然支付不起。没有知识就没道理可讲，在基督统治的中世纪，拥有圣经就拥有上帝话语权。老百姓买不起书也不认识字，那只能教会说什么就信什么，稀里糊涂地过了好几百年。直到 1450 年，来自美因茨的商人古腾堡发明了活字印刷术，极大地降低了制作书籍的成本，被愚昧了几个世纪的欧洲人终于开始分享知识，开始向教会提出质疑。浅浅的美因河泛起惊涛骇浪，新时代即将到来。

我们也许感到不解。早在宋代的时候毕昇就已经发明了活字印刷术，古腾堡要比毕昇晚了好几个世纪，为何毕昇的发明没有改变中国的知识格局，而古腾堡的技术偏偏改写了欧洲历史？所谓时势造英雄，古腾堡和他的印刷术也离不开当时欧洲的天时地利人和。

约翰内斯·古腾堡（Johannes Gutenberg）是神圣罗马帝国下美因茨选侯国里一位金饰富商的小儿子。老爷子兴许是没想让他继承自己的财富，就按照祖上立下的规矩，用他们所住的地名——古腾堡——给小儿子改了个姓氏，总觉得带着点儿"取个土名儿好养活"的意思。不过英雄不问出身，历史不分贵贱，古腾堡没有继承家业的压力，家里人对他也没什么盼头。出太阳了就去铺子里看看，跟老师傅学着雕镜子边上的花纹和字母；下雨了就在家呆着，一边逗猫一边听老爸和客户谈生意；有时也痴痴地看着隔壁染料作坊家的女儿抱着一匹匹布料走来走去……别人看他日子过得百无聊赖，肯定没什么出息，但是古腾堡自有打算。在他看来，这世上没有混着过的日子，只有不擅长从生活中积累经验的人。

离开老家的古腾堡从事了一段时间的印刷工作。在作坊里上班，每天面对满地的木屑纸屑实在头疼，于是他开始琢磨如何改进古老陈旧的雕版印刷术。雕版印刷术机动性太差，而且成本极高，一旦有一个字刻坏，整张木板全部作废。和毕昇的设想一样，古腾堡认为将单字做成活字楔，按照原文排版，可以极大地降低成本，提高效率。按说，把拼音语言做成活字楔要比中文容易很多，毕竟古腾堡们只要雕刻几十个字母就可以了，而中文却要雕刻上千个字。但是，字母活字楔要比中文活字楔小很多，而且一本书里 e 可能要出现上万次，如果每一个字板都用手雕刻，形状大小有差别不说，费时费力和雕版印刷又有什么不同？古腾堡于是想到当年父亲店里的金匠老师傅使用的浇筑技术——在做活字楔之前先制造 26 个字母模子，然后就可以批量生产字母活字楔。耗费了大概两年，古腾堡终于准备好了他的活字库，可以排版印刷了。

下一个问题是墨水。采用手写的墨水肯定不行，才刷上去就干了；用雕版印刷的墨水也不好，脏乎乎的晕得到处都是，文字看不清楚。古腾堡找到过去熟悉染料配置的朋友，一起开发了一种色泽饱满却不会晕开的印刷材料，今天我们称之为油墨。油墨涂抹在活字楔上并不会很快干掉，印在纸上也不会和上一行糊成一片，这样就可以缩小行距，节约纸张，让清晰的阅读成为可能。

解决了活字楔和油墨的问题，古腾堡面对的下一个挑战是印刷。在雕版印刷的时代，字母不够凸出就印不上去，过于凸出来就会戳破纸张，很难做到字字统一。而由于活字楔都是从统一模子里浇注的，它们的高度一致，不会有戳破纸张的现象。然而如果印制时候版面压力不均匀，也会造成漏印的现象，这个问题在当时的欧洲印刷界一直难以攻克。然而对于古腾堡来说，这个问题在百年以前就已经有了答案。他出生长大的美因茨自古以来就是德意志的葡萄酒之乡，美因河与莱茵河在此交汇，带来肥沃的土地与清澈的河水，两岸的葡萄藤郁郁芊芊。古腾堡见过当地的农夫使用葡萄压榨机来提取葡萄汁，由于酿制葡萄酒时不能混入葡萄籽和杂质，这种榨汁机可以控制压力，避免葡萄籽和不必要的单宁混入葡萄汁中。于是，古腾堡将葡萄酒的压榨技术应用在印刷中，"以墨为酒邀明月，问古圣贤成三人"。

最后一个难题是纸张。第一批向古腾堡定制印刷物的人依旧是教会和贵族，而当时的欧洲其实最需要印制的书只有一本——圣经。印刷圣经一定要选择上乘的纸张和油墨，可最好的纸是羊皮纸。古腾堡接下的第一个任务是印180本圣经，每本都有500多页厚……这可得多少钱啊！古腾堡如此精明的商人当然不会做亏本买卖，当时欧洲最好的纸张产于意大利，借助美因茨河道港口的便利，订制意大利纸张只需要半年就能到货，价格只有羊皮卷的1/5。为了使圣经读起来不费力，他独创了印刷的分段方法，将首字母放大数倍，加宽行距，这样诵经的时候也不必贴在纸上阅读，给眼神不好的神甫主教留足面子。除了版面设计，古腾堡还留了个心眼儿，他在圣经印制的边缘留出许多留白，可以根据顾客的制定帮忙画上花纹和装饰，让批量生产的圣经也如同独家手抄本一样精美，一经问世便广受好评。

古腾堡不满足于印制圣经。虽然技术已经成熟，但市场仍未开放，教会不允许百姓私有圣经，而大多数百姓也认不得拉丁文，印完圣经后，古腾堡只得另觅商机。有了和教会的第一次合作，古腾堡看准时机，揽下了印刷"赎罪券"的业务。当时的教会为了收敛民财，会向普通百姓发放一种叫做"赎罪券"的文书，并告诉百姓，买了这张纸基督就会原谅你的罪，凭此券可以上天堂。在一心一意求升天的中世纪，赎罪券简直供不应求，古腾堡的印刷术正好可以大量印刷这种天堂门票，这样看来，教会、美因茨百姓还有古腾堡的小作坊，大家都很高兴。印完赎罪券之后，古腾堡也开始帮美因茨和其他地方的学校印制拉丁语的教科书，于是更多的人接受了拉丁语教育，看得懂圣经的批注和注解，随后意识到

古腾堡的印刷术改变了欧洲的社会结构和科学发展速度

教会根本无权兜售赎罪券，一双双怀疑的眼睛盯向教会。美因茨教会意识到古腾堡的危险，一方面加强对圣经的控制，另一方面遣散古腾堡小作坊里的印刷工人。

刚刚发了点小财的古腾堡遭了殃，但是却因工人四散逃走到其他选侯国而将这项技术随之推广开来。当时的德意志四分五裂，邦国之间互不干涉，法律和教会的势力也各有不同。有的邦国允许印制圣经，有的邦国允许大学生拥有圣经。随着印刷术的推广，圣经的内容不再神秘，教会也被拉下神坛。同样是借助印刷术，马丁·路德推动宗教改革，翻译了简单易懂的德语圣经，顺势标准化了复杂的德语方言，形成今天标准德语的雏形。知识不再是贵族特权，平民百姓也可以获得书写和阅读的权利。信息的快速沟通让任何一种政治力量都受到舆论的监督，印刷术所带来的信息革命如疾风暴雨一般改变了欧洲的知识分布结构，也改变了欧洲的社会结构和科学发展速度。

我们通常认为，是古腾堡的印刷术改变了世界。书籍在文艺复兴，宗教改革，启蒙运动，工业革命中都扮演着极其重要的角色。古腾堡本人也因此获评德国最有影响力的人物之一。然而如若放回到古腾堡的时代，他未必愿意当什么改革家或人类文明先锋……他是个商人，想要在失去父亲资助后独立存活下去的年轻商人。于是，他所经历的一切都成为创业的资源，他所长大的故乡也成了发明的土壤。这一切也许是偶然，中世纪之天时、美因茨之地利是毕昇所未能所有的；但也许并非偶然，我们所有经历的人和事终会在某一刻成为改变命运的灵感。

古腾堡之后的欧洲翻天覆地。18 世纪，英国人第一次造出了大批量印刷的铅板印刷机；19 世纪，造纸机发明；20 世纪，电脑印刷成为主流……印刷术使得知识的载体变得廉价且易得，而人类文明也由此进入智能时代，电子书和有声书的推广更是为多种阅读方式提供了可能。

然而，就在书本变得越来越便宜，阅读方式越来越多元化的时候，读书好像又重新变成了一件奢侈的事。每日挤在公交车上，握在手里的早餐都没来得及吃一口，哪腾得出手来翻几页书。下班回家趁还没被困意压塌眼皮，先随意吃点东西，书还没看几眼就昏昏欲睡。若是等到假日，总觉得要有爵士鼓点的咖啡厅或洒满阳光的草坪才对得起平日的劳累……然而一旦连上 wifi，书本就成了朋友圈照片的装饰品。古腾堡身后五百年，信息不再昂贵。而如今昂贵的，却是被信息洪流冲散的时间与阅读心境了。

维多利亚女王的时装周：从意外的苯胺紫到传世的工业研究所

2017 年，国际色彩权威机构 Pantone 公布的年度流行色为草绿色。关于流行色的传统大概可以上溯到 19 世纪 60 年代，英国王室统领世界时尚潮流两百年，女王的穿着一直是欧洲贵妇们学习的典范。

据说，1862 年的流行色是皇家紫。在那一年的伦敦国际展览会上，有德国血统的英国女王维多利亚身着一袭紫色真丝长袍参加开幕典礼，雍容华贵，见者难忘。女王选择紫色出席博物大会并非单纯出于个人偏好，而是因为在 19 世纪中叶的欧洲，紫色染料还是首次出现，女王的紫色华服亦属于当时创新科技的一部分。有了女王做代言，紫色染料的发明人，只有 24 岁的威廉·珀金（William Perkin）一下成了这一年伦敦展会上最耀眼的新星。这一抹紫色，宛如海天相接处的朝霞，也为欧洲化工行业开启了一个新的时代。

在珀金之前，染织衣物的色彩基本都来源于天然植物的花、叶、书皮、根茎或者果实的提取物。《诗经》里就有提到许多染色植物，先人含蓄，多用植物寄托感情，于是色彩也便有了悲喜哀愁的寓意。《小雅》里说，"终朝采蓝，不盈一襜"，这其中的"蓝"指的便是着色的蓝草了。然而，从植物中提取的靛蓝不溶于水，必须先经过处理才能染到纤维上。所以古时候人们基本只穿大地色系——红、棕、黄，这类容易上色的衣物；蓝、紫之类成本极高，工序极其复杂，只有皇亲国戚才穿得起。在第一次工业革命之后的欧洲，羊绒羊毛大量从英国出口海外，同时由于机器的应用，棉纺织品也进入生产高峰期，旧时的染色方法无法一次浸染如此大量的衣物，珀金之前的欧洲纺织业犹如批量生产的石膏群像——质地精良，却色彩寡淡。

威廉·珀金的发现为欧洲带来了色彩，他的成功是偶然，也是必然。

说是必然，是因为珀金所处的时代正是欧洲化工领域快速发展的时期。19世纪初期，有机化学与生物化学分离，形成独立的研究体系。同时，由于工业革命的兴起和欧洲的殖民扩张，运输业和制药业成为当时的科研重点。大多数欧洲殖民地临近赤道，疟疾肆虐，当时主要用于治疗疟疾的药物是植物提取奎宁，成本高，产量低。于是，人工合成奎宁便成了当时欧洲化学界最急需攻克的难题。通过分析，化学家相信从煤炭燃烧后的碳焦油中能够提取出合成奎宁的元素，这也是著名的德国有机化学家奥古斯特·威廉·冯·霍夫曼（August Wilhelm von Hofmann）倾其前半生所研究的项目。

然而这紫色染剂的发现却是个美丽的偶然。需要合成奎宁，就需要大量的碳焦油。位于欧洲煤矿产区——德意志鲁尔区集天时地利人和，培养出一批杰出的有机化学精英，其科研水平在欧洲首屈一指。受英国王室邀请，霍夫曼任教伦敦皇家化学学院（今帝国理工化学系），继续研究从焦油到奎宁的项目。在他诸多学生之中，有一人极其聪慧，此君便是威廉·珀金。当时只有18岁的珀金在霍夫曼的指导下进行试验。趁教授回德国探亲，小伙子于是按照自己的设想合成奎宁，却没想到偶然弄出一试管黑乎乎的沉积物……霍夫曼教授的严厉在整个学院众人皆知，不按教授的方法试验，还弄出一堆脏兮兮的东西，珀金有点紧张，靠着奖学金过日子的穷学生可是赔不起实验室的仪器啊，还是赶紧洗刷干净还回去的好。可是，这坨黑乎乎的东西清水冲洗不掉，于是他只好拿酒精来溶解，没想到黑色的"泥块"一下子溶解开来，并呈现出优雅的紫色。然后珀金又发现，这种紫色溶剂滴在羊毛布料和丝绸上，无论怎么洗也不会褪色。这就是我们所说的，世界上第一种人工合成染色剂——苯胺紫。

颇具商业头脑的珀金立刻想到把样本寄给苏格兰的染料商，当时苏格兰的羊毛畅销世界，然而染料却一直跟不上羊毛销量，珀金相信自己的这项发现可以改写英国的染料史。果然不出所料，染料商给珀金回复道："如果您的这项发现并不耗资惊人，那将是染织业以来最具价值的发现。这个颜色人人喜爱，然而过去的紫色染丝却无法持久……"向父亲和恩师说明自己的意向后，珀金获得了第一笔天使资金，他开了一间小小的染织工厂，专门染制苯胺紫的羊毛布料和丝绸。很快，偏爱紫色的拿破仑三世的皇后和英国维多利亚女王都找到他，向他订制更多的紫色布料，珀金也因此一举成名。

离开伦敦的霍夫曼回到了德国。欣慰于学生功成名就的同时，他也开始思考如何改进珀金的方法，试图创造更多色彩的人工合成染色剂。运用类似的方法，霍夫曼从焦化油中又合成了苯胺黄，苯胺红，紫罗兰等珍贵而稀有的高纯度色彩。在霍夫曼师徒的实验室中，欧洲染织业进入了新的纪元。

化学染剂大规模投入工业应用后，霍夫曼立刻担心了起来。由于人工合成的染色剂比起自然染色剂更具操控性。只要准备好适量的原材料，掌握好化学反应时间，制作一款染色剂就像搭积木一样容易。只要有成本，几乎人人都可以自己染质量上乘的布料，如果是这样，那德国企业要怎么才能保持自己的优势？

然而霍夫曼还是过虑了。作为传统的殖民大国，法国和英国在海外拥有广阔的殖民地，在印度、东南亚有大片土地，大量劳动力负责生产这些手工制的、纯天然的染料。英国和法国上流社会虽然惊喜于化学染色剂的问世，但大部分布商却并不希望推广化工染剂——这会让殖民地的人没事干而闹事的！要是成本降下来了，价格也得跟着降，生产的东西不值钱了，社会地位也没有了……打着多重算盘的殖民大国小心翼翼的绕开了人工合成染色剂的新天地，掸掸衣襟，缩回传统染色的旧世界里了。

刚刚完成统一的普鲁士德国没有殖民地。一切百废待兴，新的人工合成染剂自然受到普鲁士政府的大力支持。如果能将衣物的价格降下来，那么德国对外出口的商品就有了英法所不能比拟的优势，在没有殖民地的背景下，只能靠物美价廉的产品打开世界市场了。

在政府的支持下，理工技术研究院（technische Hochschule）和工业性质的研究机构（factory research laboratory）相继成立。霍夫曼师徒的例子已经证明，将学术与市场结合起来，将理论应用于工业化生产，才能富国强民。仿照拿破仑在巴黎建立的理工院校，德国的高等技术学校将实践与理论并重，一面研究，一面将成果投入生产，于此赋予学术研究新的意义。理工技术研究院的研究模式之严谨严格丝毫不输给正式大学，于是在 1900 年，理工技术高等研究院亦被认为是大学的一种，授予工程学学位。

如果说霍夫曼师徒的发现为欧洲带来了缤纷的色彩，那么他们的研究经历则为后世树立了工程学的模范。理工技术研究院和工业性质的研究的设立意味着，在历史上，人类第一次有了有计划有目的的改造和驾驭自然的组织机构。以往的皇家学院或大学，学术自由的前提下研究课题可根据研究者的兴趣天赋自定，大多限于对自然世界的理论解释。理工大学和工业性的研究院则以市场为导向，有目的的改造社会和自然。我们今天所熟悉的拜耳实验室、贝尔实验室或谷歌研究院等一系列工业性质的实验室、研究所都是以德国的工业研究所为蓝本。

可以说，因为有了市场导向，人类有了为自己规划未来的方向；而因为有了工业研究所，人类有了实现这一计划的可能性。直至今日，大批的年轻工程学学者怀抱理想与信念投身到这一旅途中。这是一条艰辛而漫长的道路。有时候，计划合成奎宁却无意发现苯胺紫，而更多时候，在实验室劳作半生可能也没有实现最初计划。但我们知道，人类的认知正是在无数次试验和误差中进步。前人留下的经验和教训对于后人来说是宝贵的财富，也正是因此，站在巨人的肩膀之上，科研的道路无所谓失败与成功。不积跬步无以至千里，每个人、每一点一滴的努力都是人类文明前进的一道车辙。

埃森钢铁帝国：大炮之王克虏伯

13岁那年，阿尔弗雷德·克虏伯最想要的圣诞礼物是一匹小马驹。

他曾有一匹那种杂色的小马，丑丑的，不起眼。而阿尔弗雷德却觉得它身上的每一块斑纹都那么特别，他喜欢站在马厩里，摸着它的鼻子说悄悄话，马儿静静听着，时不时呼哧两声表示赞同。在这个偌大的世界里，它是这名孤独少年唯一的听众。然而家里的工厂欠债，父亲把它卖掉了。

那年没有圣诞礼物。父亲病重，家里的工厂面临倒闭。阿尔弗雷德一次次走过养马人聚集的市场，远远的看着年末寒风里马儿呼出的白气。已经很久了，家里工厂的烟囱不再冒出白烟了……整个德意志地区的经济都不景气。

拿破仑战争结束后，整个德意志领土被重新划分。欧洲的土地划分好像泾渭分明，东侧一望无际的农田万顷，而西侧要么洼地要么浅滩，并不适合耕种。战败的普鲁士没有资本和拿破仑交涉，只好整体西迁，让还肥美的耕地给波兰。作为补偿，不值钱的莱茵一带被划分给了普鲁士。池洼遍地，沟壑崎岖，普鲁士只得忍气吞声接下这个烫手的山芋。

心急吃不了热豆腐，没想到山芋放温了竟也是一道美味。没过多久，莱茵一带便发现了大量煤矿，在19世纪初工业革命风生水起的年代，不长庄稼的莱茵谷摇身一变，成了法国人都眼馋的宝地。借地利人和，一座座炼钢厂在鲁尔区拔地而起，位于埃森的克虏伯工厂，便是其中的一家。厂子多了竞争自然也激烈，作为一家小小的钢质餐具农具厂，如何在巨怪煤钢世界中活下去，是老克虏伯一直在思索的问题。

当时的普鲁士虽然占有大量煤炭和铁矿资源，却没有相应的技术制造优质钢材。老克虏伯勤勤恳恳三十年，不停地实验学习，走访英伦三岛，可惜天不酬勤，外债高举不说，还累出一身病。圣诞节过去没多久，老克虏伯带着遗憾和不甘离开了阿尔弗雷德，却留给他了这个濒临破产的厂子和巨额的债务。

14岁这年，阿尔弗雷德·克虏伯辍学了。

他必须接过父亲的工厂，从头学起。他要还债，要照顾母亲，要养活弟弟妹妹，还有一大批的工人都指着他吃饭呢。褐色眼睛的少年站在炼钢炉前，感到热浪扑面，高温熔化了钢铁，那橙色明亮的铁水汩汩流出，在模具里凝结成理想的

阿尔弗雷德·克虏伯（1812—1887）

模样，冷却后便具有了坚硬的质感。也许，人也是一样吧，熔炼重铸，才能坚强不催。千斤重担一下压在年轻的克虏伯身上，一夜之间，这个曾搂着小马驹寻求安慰的少年长大了，在这个世界上，再没有人能为他遮风挡雨。在滚滚熔岩前，他变得更加沉默寡言，下定决心，要凭借自己的双手创造千军万马，就在这莱茵河谷上打下自己的钢铁帝国。这是克虏伯一生的誓言，却是整个欧洲两个世纪的梦魇。

在阿尔弗雷德·克虏伯接手工厂之后，他放弃了父亲那利润微薄的餐具生意，开始寻觅更好的机会。1835年，第一条现代铁路在巴伐利亚通车，连接纽伦堡与其双子城菲尔特，在那之后不久，铁路线如枫藤一样在德意志的土地上蔓延生长。直至1850年，德意志全境已有近6000英里铁轨，随着德意志关税同盟的建立，运输交通愈发便利。然而，那时的德国铁路却面临严峻的技术挑战。由于技术限制，当时的火车使用的都是双钢板拼接而成的轮毂，这样的轮子在铁轨上奔跑时很容易变形，于是脱轨事故频繁发生，却一直没有好的解决办法，许多钢铁厂不愿接轮毂订单，以免承担额外的责任。面临破产的克虏伯工厂已经没了退路，眼下只得孤注一掷，改变铸造轮毂的传统方法。在经过无数次试验和改良之后，克虏伯将父亲留下的刀叉手柄印花工艺加入到大型轮毂的铸造中，使得无接缝的钢轮毂成为可能，竟一下解决了

19世纪中期铁路运输中最大的难题。火车轮毂铸造技术的革新帮助克虏伯赚到了第一桶金，也让四面楚歌的工厂回到鲁尔竞技场的正轨中来。

克虏伯的野心绝不会满足于运输零部件的生意。1848年法兰克福国民议会失败之后，德意志的统一已不可能通过民主协商的方式完成。克虏伯认为，只有通过战争才有可能统一德国。于是，他将眼光瞄准了下一个战场——军火。1851年，他带着新的合金铸钢技术和不锈钢铸的重炮亮相伦敦，一举震惊欧洲工业界，也第一次打出了埃森重工的品牌，而克虏伯本人则获得了"大炮之王"的称号。做军火生意靠的不单单是技术，更是人脉和头脑。克虏伯笃定在即将到来的德意志统一战争中，普鲁士会成为最终的赢家。经过近十年的铺排经营，克虏伯结识了普鲁士王子威廉，并与1862年邀请刚刚登基的威廉一世来他的工厂参观。为了接驾这次参观，克虏伯特意准备了一间超过300平方米的大厅来展示其成就。从钢铁的生产铸造到细小的或车轮轴模型，从新式后膛装填线膛炮到华丽的双鹰战盔，猛虎开疆辟壤，也可细嗅蔷薇，威廉一世万分惊喜，大笔一挥，向克虏伯订下超过20万塔勒的军火订单。几个月后，威廉一世在柏林召见克虏伯，并授予他红鹰橡叶勋章以示褒奖，希望他继续为普鲁士的宏图大业贡献力量。红鹰橡叶勋章在普鲁士可谓是贵族和将军级别的荣耀，只有皇亲国戚或汗马功臣才可有资格获得，在普鲁士的历史上还是第一次将这枚勋章发给平民，在羡慕得眼红的大臣看来，这可是克虏伯无上的荣耀。而此次柏林之行，克虏伯更看重的却是与铁血宰相俾斯麦建立下的深厚友谊。

俾斯麦和克虏伯，是普鲁士权力与财富顶端的猎鹰。他们勇敢，坚毅，沉默，睿智，有着钢铁一般的意志与揽月纳海的野心。然而高处不胜寒，爬得越高，朋友越少，他们也都是如此孤独而寡言的人。克虏伯不喜欢与人亲近，而俾斯麦也一向拒人千里，而偏偏就是这样两位傲慢孤僻又大权在握的人，却成为了彼此的知己。

俾斯麦奉威廉一世之命在自己柏林的官邸接待克虏伯。俾斯麦野心勃勃的谈及了普鲁士的未来，德皇对克虏伯的看重，又客客气气地说了些希望企业家尽心尽力为国家提供军工的客套话……午后阳光暖人，俾斯麦请克虏伯到户外走走，参观他的花园。那是一个偌大的围场，有精心修剪的古树与灌木，颜色错落有致，美不胜收。克虏伯赔着笑看着这一切，一心想赶紧把话题转回生意上，既然是普鲁士的第一号主事，首先必须和他搞好关系才行。这时，一匹杂色的小马向俾斯麦、克虏伯跑了过来，圆鼓鼓的眼睛好奇的瞅着来客，还用鼻子凑上去嗅了嗅克虏伯身上的烟味。小马有着干净健康的皮毛，油亮的鬃毛在阳光下犹如优质的矿藏，克虏伯在马儿乌黑的眸子里分明看到了那个无助的 14 岁少年……那个站在炼钢炉前立下誓言的少年。那是再也回不去的童年，克虏伯分明知道，那个忧愁的少年早已不在，他是阿尔弗雷德·克虏伯，莱茵谷的主人，军工帝国的君王。而这个坚强冷漠如钢铁的男人，竟也情不自禁伸出手抚摸了马驹的鼻子，像小时候那样，终于有位朋友可以听他说一句："我回来了。"

在一旁的俾斯麦拦下失职的马童，静静地站在一侧。同是攀爬顶峰的人，他懂得那一个眼神里承受的所有孤寂与责任，俾斯麦想，唯有英雄才能理解彼此，也唯有英雄才能成就彼此。

1866 年，普奥战争爆发。克虏伯工厂出品的枪支在战场上大展拳脚。普鲁士将奥地利驱逐出德意志领地，自此一统江山。1870 年，普法战争爆发，普鲁海军配置了克虏伯重炮，自此成为德国海军标配，直到二战结束。为了痛击拿破仑三世，一雪当年拿破仑战争之耻，克虏伯自愿捐出新式枪支支援前线。威廉一世很是感动，心领了克虏伯的好意，而后加大了从克虏伯工厂购买军火的力度，这也是第一次在战争中使用的德国枪支超过英国枪支。可以说，这是一场真正德国自己赢下的战争。在战场上，克虏伯工厂所造的新式后膛枪及迫击炮如"镰刀收割麦子"一般横扫拿破仑三世军队，一路击破巴黎。1871年，在凡尔赛镜厅，威廉一世宣布登基，德意志帝国完成统一。威廉一世任命俾斯麦为帝国首相，本想再次授予克虏伯爵位——而克虏伯婉拒，他说自己出身卑微，能老老实实做个生意人已经满足，不敢奢望做陛下最后的骑士，只求克虏伯军工能护航帝国千秋万代。克虏伯实在聪明，伴君如伴虎，他的野心不再政坛，《战争之王》中说："不要亲自加入任何一场战争。"自此，俾斯麦和克虏伯的名字响彻欧洲，是铁与血的代言，是恐怖与杀戮的咒语。克虏伯的军火帝国如同德意志战车疯狂作响的发动引擎，在鲁尔区的浓烟滚滚中，开向下一个战场。

　　普法战争之后，德意志接管阿尔萨斯和洛林。来自占领区的钢铁资源更加快了鲁尔区的军工制造进程。法国的巨额赔款也让德意志政府一举还清了欠实业家的债款，德国的工业在这段时间内急速发展。然而好景不长，1873年经济危机如海啸一般席卷欧洲。鲁尔区大片工厂倒闭，克虏伯的钢铁帝国也未能幸免。阿尔弗雷德·克虏伯怎能看自己一手创建的帝国毁于一旦？在这个生死存亡的时刻，克虏伯将眼光投向亚洲，在大陆的另一侧，"师夷长技以制夷"的洋务运动正如火如荼。

　　第二次鸦片战争后，清政府签下一系列丧权辱国的条约。痛定思痛，清政府中一批开明的大臣认为中国正面临"数千年未有之变局"。他们认为应当向西方学习，通过学习欧美的技术和经营方式，开展中国的近代工业。1861 年，咸丰帝批准了恭亲王上奏的《通筹夷务全局酌拟章程六条》，洋务运动拉开帷幕。

在诸多改革运动中，军队改革和军工装备尤其受政府重视。李鸿章、张之洞、左宗棠等大臣在各地成立军工厂，引入西方技术制造船炮枪支。另一方面，军队改革则需要向西方购买轮船和大炮。1866 年，清政府派五大臣出使考察，学习西方先进科技。当时，普奥战争方才结束不久，克虏伯大炮的威力响震欧洲，载泽一行并没有计划访问埃森，却在克虏伯大炮的威名下调转马车，直奔埃森寻求军事技术支援。克虏伯并没有像英法商人一样傲慢无礼，而是对清政府的代表以礼相待，并热心介绍自己的技术和研发过程，甚至带他们去参观流水线。德国的工人虽然对亚洲人充满好奇，却没有表现出轻蔑的神态。这也许是因为德意志仍旧四分五裂，没有对外统一行动的口径，自己家门口的事还没理清，在亚洲的势力自然弱了一些。比起英法已经当自己是租界主子的劲头，当时的德意志还是有点心虚。总之，克虏伯的友好给载泽一行留下了深刻印象，尚未抵京，李鸿章已经从信件中获知克虏伯的大炮威力十足，他本人也友好待客，是个可以信赖的商人。

1867 年，在第二届巴黎世博会上展出的克虏伯全钢线膛后装大炮

1870 年后，洋务运动进入高潮。李鸿章接替曾国藩担任直隶总督兼北洋通商大臣。通过对比和研究，李鸿章相信克虏伯大炮的性能要优于欧洲别国，于是向克虏伯订制了 318 门火炮，用于驻守沿海一带。在这之后，清政府持续向克虏伯订制军火，但订单数额并不算高，毕竟洋务派仍在摸索当中，尚未能分辨各类炮型的利弊，也缺乏相应的技术人员负责操作和维修。1871 年，牡丹社事件爆发，1874 年 5 月日本出兵攻打台湾，清政府虽用交涉谈判的手段赶走了日本人，但这一记警钟却重重的敲响在了洋务派的心里。增强海防，成为洋务派的重中之重。李鸿章决定，改变过去广泛采购、规格不一的方案，集中购买德国克虏伯的大炮，作为北洋水师主力装配到已从伏尔铿船厂订制的巡洋舰定远、济远和镇远上。李鸿章的决定拯救了正在经济危机后伺机恢复元气的克虏伯，但清政府也提出了相应的要求——克虏伯必须出资为中国枪炮技术人员培训，否则只好另谋合作伙伴。虽然不想传授技术给中国人，但这天大的馅饼掉下来岂能不接，砸掉两颗牙又算得了什么。1877 年，中国第一批 7 名学员抵达埃森，接受克虏伯军工的训练。在此之后，每年都有中国学员来到克虏伯接受训。1890 年，一位来自安徽的小伙子被北洋水师派去德国埃森接受炮兵训练，那时这名小伙子尚不知道，等在自己眼前的，是怎样一番惊天动地。1912 年他任中华民国陆军总长，1924年任中华民国临时政府执政官。他叫段祺瑞，去德国那年，他25岁。

借洋务运动之东风克虏伯军工恢复了生气。而钢铁帝国的缔造者却迫近人生的黄昏。阿尔弗雷德·克虏伯变得更加孤僻寡言，力不从心时脾气尤其暴躁，周围人又怕又惧，这往昔的钢铁巨人也逃不过岁月的痕迹，钢铁会锈，人会老。克虏伯一个人躲进自己城堡一般的豪宅中，周二，钢琴师会来给他弹上一阵钢琴，他听那叮咚作响不慎心烦，挥着拐杖大吼"还不如我敲钢板的声音好听!"；周末，太太儿子会来探他，他却暴躁的摔碎花瓶叫他们走"不成器的东西滚出去!"……克虏伯的听力和视力越发衰弱，那一手缔造的军工神话已经成了他记忆海滩上的脚印，浅浅的一弯，一步步向前走着，夕阳落下的时候，身后什么都没有。老克虏伯看到远处奔来一匹杂色的小马，他伸出手抚摸着马儿的鬃毛，他听见自己轻声说，"我回来了"。

1887年，大炮之王阿尔弗雷德·克虏伯在孤独中死去。

然而克虏伯工厂的故事并没有结束。克虏伯的军火驱动了第一次世界大战，在战火中几乎粉身碎骨，却又在希特勒的招魂术中幽灵般回归。二战结束后，克虏伯掌门人作为战犯被审判监禁，克虏伯军工被盟军分解，炼钢炉和厂房设备等被瓜分，克虏伯军工仅剩当年的四分之一。战争的伤痕与鲜血的封印，克虏伯不再生产大炮，转而重新做回第一代克虏伯的老本行——餐具农具生产。克虏伯工厂生产的农产品远销第三世界，同时也负责生产电梯、炼油、轧钢、铸造和挖掘设备，竟再度成为全球工业界的巨头。然而1966年之后的欧洲经济危机重创已是夕阳产业的煤钢行业，克虏伯再无回天之术，只得选择与蒂森钢铁合并，最终成为今天的蒂森-克虏伯股份公司。

　　如今，莱茵河水依旧宁静，而鲁尔区的热闹却不如从前。这片土地上承载的孤寂辉煌，血泪千行，都与这一个家族的沧桑百年息息相关。历史不会被遗忘，它终将与这世间万物，一同向阳生长。

汽车时代：奔驰、戴姆勒、梅赛德斯、德国出租车

工业革命给我们留下了一种刻板的印象，仿佛能和现代化挂上钩的一切都是从那时才产生的。其实，汽车的历史远比我们默认的要久远——17世纪的时候，传教士南怀仁已经利用蒸汽动力制造出了神州大地上第一台"汽车"，也就是因此，汽车一词才选用了蒸汽的水字"汽"。

在第二次工业革命到来之前，瑞士、法国和英国的科学家们都尝试过许多方法制造动力机械，但万变不离其宗，在当时能采用的动力技术基本只有用煤驱动的蒸汽机。1860年，比利时科学家雷诺尔（Étienne Lenoir）制造出第一台内燃机，经德国工程师尼古拉斯·奥拓（Nicolaus Otto）改良之后成为四冲程发动机的原型。直到1885年，卡尔·本茨制造出第一辆油气驱动的三轮汽车，在曼海姆这间小小的作坊中，交通文明进入了油气时代。

有人说，卡尔·本茨是天生的工程师。在祖父和父亲事业的熏陶下，年轻的卡尔·本茨展现出令人惊讶的机械天赋。十五岁的时候他便考上了卡尔斯鲁厄综合理工学院学习机械工程，1871年便在曼海姆与合作伙伴开了一家机械加工厂。少年得志却事业不顺，遇上的第一个合作伙伴极不靠谱，工厂经营不善，债台高筑，生产工具几乎被政府没收充公。在事业最惨淡的时候，刚刚成为本茨妻子的贝尔塔并没有丧气，是她用自己的嫁妆替丈夫还了债，并买下了合作伙伴的股份。没有搭档，没有客户，也没有生意。本茨的人生跌入低谷，贝尔塔拉住他的手说，你还有我。

卡尔·本茨永远记得那个瞬间。1872年的曼海姆，不再是灰色的。

本茨夫妇几乎将所有时间与资产投入到新产品的研发中，他们夜以继日的工作，过着清贫艰苦的生活。然而，即使如此努力，却依然在改造奥托四冲程发动机的研究上进展缓慢，他一直找不到合适的能源来驱动自己改良后的发动机。1883年，本茨和合伙人一起成立了曼海姆燃气动力公司，一年之后他制作出一台安装了滑阀和电点火内燃机，然而当时的合作伙伴布勒（Emil Bühler）却认为这项发明不值得继续投资，走投无路的本茨找到了旧友马克斯·罗斯（Max Rose），尽管对这项发明心存疑虑，但他相信本茨的判断，于是应承继续出资支持实验。正是这笔钱帮助本茨的公司度过最艰难的岁月，终于苦苦撑到汽车时代旭日东升。一次偶然的机会，本茨看到一则新闻提到，在曼海姆城郊一家洗衣店发生爆炸，并无伤亡。这则平淡无奇的新闻却引起了本茨的极大兴趣，因为引起爆炸的材料正是当时被用作衣物清洁剂的汽油。这让本茨意识到，内燃机燃料革命的时代已经到来。

1885年，第一辆三轮汽车在卡尔的小工厂诞生，单缸发动机在每分钟250转的情况下，输出0.6马力，再配以水平防线转动的飞轮和三轮齿轮结构，采用汽油作为燃料。这辆简易的三轮车已经具备了现代汽车的基本特点，如电点火、水冷循环、钢管车架、前轮转向等，正因其现代化，这辆车被认为是世界上第一辆现代汽车，自此之后，汽车之"汽"便是"汽油"之"汽"了。然而，作为汽车鼻祖的这辆三轮汽车并不好操作，开起来歪歪扭扭，经常撞墙，几乎没人愿意当本茨的司机做公开演示。又一次，贝尔塔坚定地支持本茨的发明。1888年，她开着这辆毫无方向感的三轮汽车从曼海姆开到了普福尔兹海姆，共106公里路程。一路上虽然不断走偏，还要停下来到药店买汽油，用帽子别针和袜子来修补轴承和绝缘垫……但贝尔塔却满心欢喜，她相信自己的丈夫终于造出了一辆与众不同的车子。

卡尔·本茨（左四）及家人与奔驰汽车合影

历史不亏待任何信任它的人。历史为善良勇敢的贝尔塔留下了值得书写的一笔，她是世界上第一位汽车驾驶员。

1888年慕尼黑博览会上，本茨展示了经过改良的第三代专利汽车。这台汽车安装了卧式单缸四冲程汽油机、水冷式散热器、转向系统和管式车架。次年，这台汽车在巴黎世博会上成为最引人注目的创新发明，它向世人展示了坐地而日行万里的可能，也展示了一个机械工程师的天才与决心。

面对商业上的成功，本茨显得很冷静。他意识到，汽车的时代已经到来，随着技术成熟，市场内的竞争对手越来越多。就在离本茨60英里外的康斯塔特，戴姆勒和他的工程师好友迈巴赫正在改造轻便引擎，以适应急速发展的汽车市场。1890年，戴姆勒与迈巴赫联合创立了戴姆勒发动机公司（DMG），也就是今天戴姆勒汽车公司的前身。

昂贵的汽车成为贵族的新宠。1899年，汽车技术愈发成熟，贵族之间交际的方式从赛马转向了赛车。奥地利贵族埃米尔·杰利内克（EmilJellinek）为备赛1900年的尼斯汽车拉力赛，向迈巴赫订制一辆28马力的赛车。迈巴赫出色的完成了任务，他为杰利内克制造出一台装备了蜂窝状散热器的轻便赛车，时速可达25英里。杰利内克非常满意戴姆勒公司的产品，直接出资5.5万国金币（合13万美金）买下戴姆勒公司的下一代汽车，条件有二，一是垄断车子在奥匈帝国、法国和比利时的专卖权；二是用自己十岁女儿的名字来命名这款 28 马力的高速汽车——梅赛德斯。

梅赛德斯词源西班牙语"优雅、幸福"，梅赛德斯之名为戴姆勒公司的汽车许下了一个美好的祝愿。梅赛德斯汽车的性能卓越，在市场上大受欢迎，这部优雅的汽车带给当时的欧洲人极大的幸福感，也许正是因此，梅赛德斯经久不衰，已陪伴德国汽车史百年之久。

很快，一战战败，德国制造业从高峰跌下低谷，欧洲与其他国家对德国建立贸易壁垒，马克急速贬值，在协约国颁布惩罚措施，工厂被勒令禁产，大型汽车厂为了生存，面临市场整合。1926 年，戴姆勒公司与奔驰合并，采用三角星标徽，代表他们的发动机可以用于陆地、空中和水上，而公司旗下的明星产品，就是如今我们熟悉的豪华轿车梅赛德斯-奔驰了。

1929 年，卡尔·本茨去世。这位时代先行者为德国汽车工业留下了宝贵的技术遗产，在他所深爱的祖国再度被战争阴霾笼罩之前，他幸运的先行了一步。1933 年，纳粹党上台之后，梅赛德斯-奔驰的生产研发体系被转移至军用。温柔的梅赛德斯商标与轻便优雅的奔驰发动机被安置在重型坦克上，碾压过欧洲战火纷飞的土地；也被装配在战斗机上，飞过欧洲断壁残垣的城市上空。被邪恶政治绑架了的梅赛德斯-奔驰是纳粹德国重要的军备引擎，戴姆勒公司所处的斯图加特成为盟军空袭的重要目标，在战争结束后，整个地区几乎被炸成了碎片，梅赛德斯-奔驰汽车女神的形象也一落千丈，仿佛是暴露了身份的女巫，被欧洲汽车市场所排挤。为了重整旗鼓，奔驰在政治意识形态淡薄的赛车跑道上开始了新的征程。在赛车的世界里，速度便是一切，有技术才是王者，梅赛德斯-奔驰聘请了慕尼黑工大的工程师鲁道夫·乌伦豪特（Rodulf Uhlenhaut），设计出奔驰历史上最好的赛车——奔驰300SL。这部性能优越的汽车在各大汽车博览会上大抢风头，西德总理阿登纳尤其偏爱300系列，良好的性能和市场代言让奔驰回到了欧洲汽车市场的怀抱。

在斯图加特的奔驰博物馆里，展示着奔驰汽车的所有车型和发动机。搭电梯上到最楼顶，时光倒流回到最初的1885年，那辆三轮汽车的模型被安放在展览室中央。卡尔·本茨一家站在展厅的另一侧，他们平静而骄傲，对着来来往往的人群观望了多少年。参观结束离开博物馆的时候，仍然忘不了本茨夫人那双笑意盈盈的眼睛，也许她在说，小心驾驶。

奔驰轿车在德国一直都有很高的市场占有额，如今到德国旅行，不难发现出租车几乎清一色的全是象牙色的奔驰。由于奔驰声名远扬，性能好，价格昂贵，属于奢侈品牌，能拥有一辆奔驰是很多汽车迷的愿望。到了德国一看，连出租车都是奔驰！不少梦想拥有奔驰的朋友开玩笑说，看来最理想的职业是到德国来开出租嘛！

德国的出租车为何会选用奔驰？这还要从德国出租的历史开始说起。

在本茨制造出第一辆汽车之后不久，来自德绍（Dessau）的实业家弗里茨·库内（Fritz Kühne）于 1893 年 4 月购置了小镇第一辆汽车，他购买的型号是 Benz Victoria Vis-à-Vis，自己从莱比锡开回了德绍。这件事引起了不小的轰动，毕竟在当时汽车可算是个稀罕物件。当地媒体争相采访库内，他对汽车的性能及整段旅程都做了很详细的回顾，并不断表示他相信本茨的汽车一定会成为时代潮流。当事人真诚，听者也有心，德绍的另外一名实业家弗里德里希·卢茨曼（Friedrich Lutzmann）在报上读到关于库内的报道，认定这会是一宗很好的生意。于是，他找到库内，向他仔细询问了 Benz Victoria Vis-à-Vis 的状况，并从通过库内联系到曼海姆的本茨，向他订制了一辆同款轿车。经过四个月的漫长等待，卢茨曼的汽车终于于同年九月抵达德绍，卢茨曼和他的朋友轮流试驾了一下这台车，认定他们可以开展运送乘客的服务，从而赚一点钱。如果一切进展顺利，卢茨曼计算着一年左右就能把成本赚回来了。

在卢茨曼的坚持下，他和朋友合办了一家公司（Motorwagen-Fahr-Verkehr，汽车运输交通公司），主要负责德绍、沃利兹（Wörlitz）和阿肯（Aken）三个城市之间的个人运输。这台车子可以坐三名乘客，平均一小时能开15公里，每人收一马克。生意一帆风顺，前来预约坐车的人络绎不绝，当时很少有人有机会乘车，一马克不算便宜，但为了体验一下乘坐汽车的快感还是很值的。很快，进入11月，乘车的人越来越少，因为这台Benz Victoria Vis-à-Vis是一辆开放式汽车，没有遮风挡雨的篷子。夏天下雨时也还好说，打把伞就可以了，虽然还是会淋湿，但也总比在泥地里吭哧吭哧的走强不少。可是到了冬天，人们反而愿意搭乘慢悠悠的马车——虽然速度慢，但毕竟有包厢有暖炉，不会冷得发抖。卢茨曼搞清状况之后给本茨写了信，订制一顶专门为Benz Victoria Vis-à-Vis设计的车篷，才缓解了小公司面临的换季危机。

卢茨曼的生意兴隆，在本茨开发了封闭型轿车之后又向他订制了几台新车，扩大自己的生意规模。而在曼海姆，本茨也意识到卢茨曼的生意模式很可能成填补市场空缺，有些客户资金不够购买一台汽车，却又很需要代步工具，这块市场应该好好开发一下。于是本茨号召设计师们开发廉价耐用的车型，专门为出租车市场打造量身定做的车型。此后，奔驰公司陆续开发了卡车、急救车、消防车等不同用途的汽车类型，为满足市场需求，扩大市场占有额不断研发、创新。

在卢茨曼时代，出租车都是黑色的，直到 1970 年之后才由国家统一规定成出租车为象牙白色，以便提高辨识度。和在中国不同，德国的出租车很少有招手即停的，一般都需要打电话预约。开出租车的司机也都要经过相当严格的训练，通过专业性考试，在没有 GPS 的时代，一名出租车司机必须能够将整张城市地图，大街小巷，著名景点，甚至哪条街上有哪些餐厅剧院都印在脑子里，完全就是一个移动的智能地图。训练这样的出租车司机的成本很高，虽然今天这个行业逐渐被外来族裔所取代，但在欧洲的人工成本依然很高。随着 Uber 等订车业务的开展，德国的出租车行业也面临不小的冲击。

在德国搭乘出租车绝对不便宜。起步价 3.5 欧，两公里以内白天 2.5 欧，晚上 2.7 欧；三公里到十公里以内白天 1.8 欧，晚上 2 欧；十公里以上白天 1.7 欧，晚上 1.8 欧。超过四个人乘坐的话要一次性加 7 欧，如果预约时间没有准时到，等候的时间更贵了，每小时 25 欧。算完车费还不算，在欧洲可是要给小费的，零零整整算下来，五公里可能就要花个小 20 欧，比正经吃顿饭都贵出好多！更何况，德国只有大城市有柏油马路，小城市都是坑坑洼洼的石板路，怀旧风情是有了，可出租车真的相当难走，还不如搭公交或者自己走来得快。如果要去别的城市，搭乘火车或自驾可能更方便一些，极少有人选择乘出租车穿行于城市之间。

因此可以看出，在德国，搭乘出租车是一项相对奢侈的消费。这种感觉有点像一个美丽的夜晚，你邀请心仪的女孩去听一场很难订票的音乐会，你们穿着华贵的衣服，中场休息时在吧台喝了点香槟，散场之后人们鱼贯而出，大厅里烛光摇曳，珠宝裙摆闪烁耀眼，你牵着她的手，她对你轻笑："月色真美"。你为她预定的车子在场外等候，象牙色的车身与银色月光就像她的晚礼服一样，夜幕下温润如珍珠。是的，出租车早年在欧洲很多国家都相当于旧时贵族马车的角色，并不是一项日常消费。

由于出租车市场最先选择了奔驰汽车，这项传统一直保存至今。奔驰为德国出租车市场量身定做开发的车型也满足了耐开，节能，干净，舒适，物美价廉等特性，再加上奔驰的品牌效应，让乘坐德国出租车也几乎成了游人"体验德国汽车文化"的一个极佳选择。除了奔驰之外，其实很多汽车公司也都推出过出租车型，比如大众汽车，虽然在德国很少见到大众的出租车，但是大众汽车和中国出租车的渊源却至关重要。

德国出租车

　　中国最早的出租车业务是从上海开始的。1908 年，地处公共租界的美商环球供应公司百货商场开设了第一个汽车出租部，主要为购买大宗商品的客户提供运输服务。此后上海的出租车生意风生水起，本土企业看准时机也加入到出组成行业中来，最出名的是祥生公司，在支持民族企业的运动中，祥生公司成为上海第一大出租车公司，后来在 1951 年被批准公私合营，在五年之后转为上海出租汽车，统一管理上海的出租车市场。然而随着市场发展，车子愈来愈多，上海出租车公司一家独大，就造成了服务差、乱收费，订车难的局面。1988 年，上海政府决定全面整顿出租车市场，寻求符合规格的计价器和合格车型，而此时大众汽车已在中国市场门外徘徊许久，抓住上海出租车整顿的机遇，将 200 辆红色桑塔纳引入上海，并将德国出租车司机的训练考核规范引入中国，在上海掀起一股"红色旋风"。凭借良好的职业素养，干净舒适的乘车环境，合理公道的电脑计价，上海大众一下打开了中国的出租车市场，将不规范的出租车行为在市场竞争中一一取缔，为整个行业树立了榜样。由于大众汽车的良好口碑，桑塔纳迅速占领了中国的出租车市场，成为 20 世纪末中国出租车中最受欢迎的车型。

　　回忆起来，十多年前要是有机会坐一回桑塔纳 2000 可真是相当奢侈了。那时哪知道奥迪、奔驰，偶尔坐一次出租车，打到最多的夏利。如今再回看，桑塔纳已经成为上个世纪的时代记忆，但是儿时第一次坐在桑塔纳出租车里的新鲜感却犹如昨日。那个坐在后排坐上，望着窗外逐渐拥挤、逐渐拓宽的柏油马路的我们，现在又在哪里呢？

到不了的地方都叫远方：德国铁路网

居住在德国安静的小镇里，火车站如同古老阴郁教堂里唱着经的神父。他沉默寡言，一本正经，却向小孩子们俏皮地眨眨眼睛，仿佛挨过这一时半刻，便能带你去森林探险。火车站为一成不变生活提供了无限变化的可能性。那一开一合的车门背后，是色彩斑斓的隐喻。

一小时环城一周，两小时看完所有景点，一到周末商店全部关门，这个时候，火车站与整个小镇有些格格不入。它有着一周七天／每天二十四小时营业的咖啡厅面包房；它会不定时的贴出打折票价的信息；人来人往熙熙攘攘，亲吻的恋人，吵架的夫妇，抱着绒兔子哭泣的小女孩，每一秒定格都是一个故事。站台下那一条条延伸向远方的铁轨将整个欧洲密密缝织起来，或至英伦三岛，又通东方的连云港。

对于年轻人而言，这庞大的铁路网无疑带着青春叛离的浪漫色彩。"世界那么大，我想去看看。"仿佛合上车门的一瞬间，愿望已经实现了一半。熟悉的街景迅速倒退，未知的城市在遥远的地方也许已等了你上百年。一张火车票写不完余光中式的乡愁，却足够支付得起走遍世界的雄心壮志。于是我总在想，究竟是铁路火车成就了探索的勇气，还是与生俱来的好奇心培植了这蔓布欧陆，通达亚洲的铁路网？

然而这嘎吱作响的两百年德国铁路史，无关乎勇气，也称不上浪漫。

和英国一样，德国最早的轨道交通始于煤矿运输业。要将大筐的煤炭从矿井运到地面上，实在是件非常费力的事情。用绳索拉，人力难以满足；用马车拉，费时费力。随着18世纪医疗卫生条件改善，人口数量也开始增长，商品经济发展相对成熟，对煤炭的需求量不断增加。传统的运输技术显然不能满足当时的市场需求，对运输技术的而改革呼之欲出。滑轮轨道的出现大大解决了重物运输的难题——减小摩擦，一次能够运输大量货物。不过出于作业需要，那时的轨道多为木质。1787年，以煤矿业为支柱产业的鲁尔区第一次出现了双排铁轨（Eisenbahn，Eisen= 铁，Bahn= 轨道），并将这项技术远传奥地利及波西米亚。在轮子和煤车上跑起来的欧洲，现在要着手下一个难题了：如何寻找超越人力和畜力的强大动力？

虽然蒸汽机的概念早在古希腊就已经产生了，但真正的蒸汽机是直到 17 世纪才被法国科学家模拟出来，又在 18 世纪的时候被英国科学家瓦特改造（瓦特并不是蒸汽机的发明者），从而具有了投入工业生产的可能性。紧随英国的脚步，德意志地区在 1835 年建成了第一条蒸汽动力铁路——巴伐利亚路德维希铁路，联通纽伦堡（Nürnberg）及其双子城菲尔特（Fürth）。四年之后，第一条远距离铁路也在莱比锡和德累斯顿之间落成，奠定了德意志铁路的首块基石。然而彼时，"德国制造"四个字并不像今天这样受到追捧，那时德国生产的列车要被勒令打上生产地印记，以示区分英国制造的高级产品。

1871 年普鲁士统一德意志，1892 年鲁道夫·狄塞尔（Rudolf Diesel）发明柴油动力机，德意志铁路网在整个欧洲大陆迅速蔓延开来。然而这密如蛛网的铁路在当时人心里却并不是什么吉兆。在德国著名表现主义诗人恩斯特·施塔德（Ernst Stadler）和雅克布·凡·霍狄斯（Jakob ran Hoddis）的笔下，轰鸣的列车与冷血的钢筋所开启的现代工业有如触犯天条的通天塔，是人类试图驾驭自然的罪证。在蒸汽机之前，人类从没见过能发出那么大响声的机器，也从未听闻过具有如此怪力的钢铁之躯。好像是神话故事里写的妖魔，嘶吼有如雷鸣，奔跑有如闪电，吞云吐雾，火焚肝胆，力顶千斤。人们又看见因建造铁路而被伐掉的树木，挖通的山体，和昼夜不得安宁的村庄；然而人们也看见天堑变通途，南北往来不舍昼夜。火车和铁路对于德国人而言，真是又惧又爱。

一语成谶，德意志列车载着的欧洲近代史也明暗参半，难以定论。

1917年，俄国爆发二月革命，沙皇尼古拉二世被迫退位，自此统治俄国的沙皇制度被推翻，社会革命党人和宪政民主党人各自为政，成立临时联合政府。当时身在中立国瑞士的列宁认为必须在此时返回俄国，但却因一战的缘故无法通行。在瑞士共产党人的协助下，德意志权衡利弊，认为送列宁回俄国有助于缓解东线压力，于是同意合作，并安排专门的"密封列车"，秘密地将列宁送到瑞典，再经过斯堪的纳维亚的共产党网络抵达圣彼得堡。这趟飞驰于瑞士和北海之间的列车横穿德国南北，在汽笛和轰鸣声中改写了整个世界格局。

1942年，柏林万湖会议。纳粹德国通过关于种族净化的"最终解决方案"，这与恶魔签订的契约计划将欧洲650万犹太人集中起来，运往东方（波兰）灭绝营。在这场浩劫中，德国铁路成了刽子手的帮凶——数百万的犹太人被剥夺财产，被迫搭上开往奥斯维辛的火车。这一列列的死亡列车开向人性中最肮脏黑暗的角落，它们冰冷破旧，如同被恶鬼附身了一般。

1949 年，战败的德国被美国、法国、英国、苏联分区占领，高墙竖起，一分为二。原来的德意志帝国铁路公司（Deustche Reichsbahn-Gesellschaft，DRG）也分别被西德的德意志联邦铁路（Deutsche Bundesbahn，DB）和东德的德意志国家铁路（Deustche Reichsbahn，DR）所继承。那时，西德列车穿过东德的土地开往捷克或者匈牙利都是不允许停靠的。在东西德之间有一些特定的海关检查点，经过复杂严格的手续之后列车才能通行。同样，从东德开往西德的列车也要经过非常严格的审查，不允许带优质咖啡、巧克力和葡萄酒等特定的西德商品回到东德，如有发现，立即没收，并会以走私的罪名进行处置。尽管如此，东德铁路曾被民主德国视为骄傲。在社会主义体制下，人人平等，东德政府要确保所有公民都能够乘得起火车，于是票价非常低廉，也就造就了当时东德非常紧密的社会经济结构。但却也因此，东德的铁路线上总是人满为患，车型陈旧，运速缓慢。然而东德人却仍以为 DR 拥有是全世界最好的铁路网。因为信息隔绝，大多数人只能通过政府的宣传来获取西德的情况。以柏林为例，东柏林的学生拿到的柏林地图上，东柏林的铁路密密麻麻，四通八达，而西柏林却是一片苍白。和老一辈柏林人聊天，他们自嘲年幼时真的一度以为西柏林寸草不生，人们乘不起地铁轻轨，也没钱搭乘火车，没想到墙倒了之后看到的是这样一番景象。

1988 年，德意志联邦铁路的第一辆城际高速（Inter City Express，ICE）列车投入运营。这将德国铁路的运速推上历史的巅峰。1990 年两德统一之后，德国铁路经过相当缓慢的改革才恢复统一。今天的德意志铁路（Deutsche Bahn）依然是仅次于德国邮政（DHL）的世界第二大运输企业，也是欧洲最大的铁路运营商和铁路基建商。2015 年，德国铁路宣布将中国制造的高铁引入德国市场，并于同年秋季设立北京采购办公室。如同百年前被质疑的"德国制造"一样，"中国制造"在经历了无数次挫折之后，也终于得到了国际社会的认可。

伴随德意志铁路成长的，还有它所塑造的德国铁路文化。在几乎所有的宣传手册里，每每提到德国铁路，都必定会说它的安全和准时。这似乎成了宣传德国人严谨之风的必举之例。与此相匹配的，还有 Deutsche Bahn 发放的时刻表和手机 app，火车、公交、地铁的出发时刻抵达时刻，几乎都要精确到秒。于是德国人出门前大多都会先看看时刻表，然后就会出现了类似的情景：

我们："快出门吧！不然赶不上车了！"

（德国朋友掏出手机查了一下时间）

他们："别担心，车会在 9 点 51 分到，也就是 12 分钟之后。从我们这里走到车站大概是 3 分钟……哦，你穿着高跟鞋，那我们算 5 分钟吧。所以 7 分钟之后出门就好了。"

这样如同讽刺笑话一样的场景真的时时发生着。我们也许会嘲笑德国人刻板，万一到楼下，车走了不就糟了？但也许只有他们有自信做时刻表前面的呆瓜，因为车子比预定时间早到的事情极少发生——即使车子早到了，也会等到时刻表上它该出发的时间再开走。当然，如果你估算错了时间，高跟鞋磨脚，走了 7 分钟才到车站，那只好自认倒霉再等下一辆了。

习惯了德国的时刻表文化之后，也自然会养成出门做好计划的习惯。大风暴雪里，车子仍能分秒不差的到站，就省去在寒冬腊月里等车的煎熬。都说德国人不知变通，但我想这可能是因为遵守规矩、时刻表能更方便彼此。如果公交车司机因为你高跟鞋不舒服等了你两分钟，那么下一站的人就要多等两分钟。而这两分钟，足以让一个要去送孩子去医院的妈妈心急火燎，甚至让一位老人痛风发作。大家都是按时刻表安排生活，没有人例外——与人方便，自己方便。

但是，如果一味神话德国铁路的准时和靠谱，也未免太过夸张。德铁不仅会迟到，还很擅长无限期迟到甚至取消班次。本着德国人认真严谨的性格，火车站可能会听到"××

次列车因在 ×× 站前多少米遇到一群牛而被迫停运。发车时间未定，请您耐心等候，感谢您的理解！"或看到荧屏上的滚动字幕"因天气原因，前往 ×× 城的列车将晚点 125 分钟，请您耐心等候，感谢您的理解！"对于长途列车来说，晚点 5—20 分钟都属于在正常现象，"耐心等候"就好了。

然而，最让人崩溃的是德铁的罢工。根据宪法第九章第三款，德国工人享有自由罢工权，只要超过 70% 的工会成员同意，工会即可组织罢工。在罢工之前工会会贴出通知，时刻表和 app 也会做出相应更改，注册了德意志铁路网站的人也会收到邮件通知，提醒你更改出行的安排。就算是这样，第二天醒来面对全程崩溃的交通网络，坐上拥挤不堪的转运巴士，内心还是非常愤怒的。如果是因为德铁罢工、天气原因、或者是原定车次取消而导致购买的票作废，请务必去当地火车站信息处申请免费改票或退票，一定不要自作主张换乘其他列车，如果被车上的检票员查到，会加倍罚款。

从步入火车站的一瞬间，到在列车上遇到的一切，就像始料未及却依旧精彩的人生。也许我们每个人出发时的目的不同——为了逃离，为了探险，为了事业，为了爱情，然而却在这短短的几个小时之内以曾经人类无法设想的速度看遍大半德意志山河。少年心，沧桑感，不同阅历角度上所审视到的风景也可能全然不同，红白相间的列车奔驰在这片土地上。它载着二百年的苦涩，罪孽，沧桑或辉煌，它永远奔向我们到不了的远方。

俯仰之间：19 世纪德国热力学

1840 年 2 月，海尔布隆（Heilbronn）的药剂师迈尔（Mayer，也有译作梅耶）终于松了一口气。他小儿子，26 岁的尤里乌斯（Julius Robert von Mayer）总算从图宾根大学的药剂专业毕业，刚刚找到第一份工作。他将作为荷兰商船的随船医生远行印度尼西亚。几个月的航行使船员和商人疲惫不堪，随着气温升高，病人数量也开始增加。通过一段时间的观察，迈尔注意到船员静脉的血液要比在欧洲时更加鲜红。在大学里所受专业训练让他明白，血液颜色鲜红是因为血液中含氧量较高，那么现在的问题是，同一肌体，为何在高温环境下血液含氧量要比低温环境下高？

迈尔猜测，在热带由于气温较高，肌体所需要的热量也就相应减少，所以食物燃烧过程减弱，耗氧量少，静脉血中留下的氧于是就多，所以颜色才更加鲜红。在迈尔之前，有机化学奠基人李比希（Justus Freiherr von Liebig）已经指出，生物之所以能维持体温，是因为通过氧化过程将食物所包含的化学能转化成了维持生命的生物能。站在前人的肩膀上，迈尔进一步大胆猜测，食物所含的能量可以转化成生物能和热能，而且能量输入和能量输出应该是守恒的。

在印尼驻扎的日子里，迈尔和其他的船员一样经常漫步在海滩上。棕榈树，夕阳与海浪，对于远离故乡的旅人而言并不如我们想象般浪漫。潮涨潮落，心中涌起的是对故乡亲人无尽的思念。星河漫天，有人在追忆过去中哭泣，有人已看到朝霞的光辉——迈尔从海浪冲击使水温升高的现象中认识到了机械运动和热能之间的关系。

两年之后，迈尔完成了第一篇物理学论文《论无机界的力》（Bemerkungen über die Kräfte der unbelebten Natur），其中陈述道："力是不灭的，能转化的，无重量的客体。"这个了不起的发现在当年并没有受到足够的重视，多亏科学泰斗李比希高瞻远瞩，一锤定音将这篇跨时代的文章发表在了自己主编的《化学与药物年鉴》（Annalen der Chemie und Pharmacie）上。迈尔的这篇文章启发了焦耳后来在磁电热效应反面的研究，也可以说是人类第一次以科学的视角提出了力（能量）守恒的概念。然而，在黑暗中探路的先行者却无福享有当下时代的赞誉，人们怀疑他，批判他，迈尔的发现并不被同时代的科学界接受。在无数个奋笔疾书的黑夜中，他再也看不到黎明的到来，终于抑郁成疾，因企图自杀而被送进疯人院，直到 1862 年才低调地重返学界，为学术倾尽一生。

1842 年至 1854 年，物理学上迎来新纪元。热力学第一、第二定律相继形成，能量的概念成为人类探索生命与宇宙的叩门环。

自迈尔之后，能量守恒的研究逐渐受到欧洲科学界的关注。然而，彼时的研究还在自然哲学的角度上，缺少系统、简洁的公式来表明这一定律。1847 年，亥姆霍茨（Hermann von Helmholtz）发表论文《力的保存》（Erhaltung der Kraft），系统阐述了能量守恒的原理。

亥姆霍茨是 1821 年出生在波茨坦，是一位中学教师的儿子。为图生计，他到柏林的医学外科研究所读了药学，毕业后从军担任军医。生正逢时，刚去部队不久就赶上洪堡的教育改革，在亚历山大·洪堡的推荐下返回学校担任生理学和病理学教授。和迈尔一样，亥姆霍茨的创世之作在刚刚发表的 1847 年并未受到足够重视，他只是以小册子的形式发给了几位同道中人。在这篇论文里，亥姆霍茨从一位医学学者的角度分析了生物肌体消耗能量的过程，并得出结论——生物和机器的运作并无不同，世间万物能量都守恒。

不得不说，科学的发展就是一个人类不断认知自己伟大与渺小的过程。曾经，我们以为人类是神的选民，进化论却让我们意识到人类只是所有物种中的一员，并无尊卑。而现在，我们甚至连运作的方式都与机器无异。这残酷的现实让人类意识到，科学的每一点一滴的进步，都会更加把人类推向苏格拉底描述下残酷却浪漫的现实：我们唯一知道的，就是我们什么都不知道。然而，既然知道世间万物都遵循能量守恒的定律，那么也就免去了妄自尊大带来的误差，热力学将要一路猛进。

1850 年，毕业于柏林大学数学物理系的克劳修斯（Rudolf Julius Emanuel Clausius）发表论文《论热的移动力及由此可能得出的热定律》（Über die bewegende Kraft der Wärme und die Gesetze，welche sich daraus für die Wärmelehre selbst ableiten lassen），提出两条热力学定律克服了卡诺定律所遗留的问题，也就是今天我们所熟知的热力学第一、第二定律。因为这篇论文，克劳修斯一举成名，曾受邀请担任柏林皇家炮兵工程学院、柏林大学物理学院教授，后被苏黎世联邦理工学院聘为数学物理系主席。

克劳修斯后期的研究主要集中在对热力学第二定律的探索上。根据克劳修斯的描述，热力学第二定律可以归纳成：热量可以自发的从温度高的物体专递到温度低的物体，但不能自发的从温度低的物体传到温度高的物体。在这个失序现象中，人们期待能够找到一个物理量，以便描述这个自发过程的进行方向，于是克劳修斯引入概念：熵（Eng：Entropy，De: Entropie，源自希腊语 Entropia，内向之意），用来表示热力循环中不能做功的能量的总和。

根据克劳修斯的研究，熵（S）变化的公式可以表述成 "$\Delta S = \int \delta Q / T$"，Q 代表恒温的热总数，T 代表温度，于是熵 S 的增减就是热的增减与温度的商的总和。1923 年普朗克来中国讲学用到这个概念，中国近代物理学家胡刚复灵机一动将 Entropy 一词简译作"热与温度之商"，即熵。利用熵这个函数，克劳修斯进一步发展了热力学第二定律的熵表述：任何孤立系统中，系统的熵的总和永远不会减少，即是说，自然界的自发过程是朝着熵增加的方向进行的的。这也就是我们所说的"熵增加原理"。按照这个理解，熵不断增加，能做功的能量不断减少。那在宇宙这一孤立系统中，所有能量都从有序流向无序，当熵极值化的时候，宇宙所有能量都处于热平衡状态，再没有任何可以维持运动或是生命的能量，于是宇宙归于热寂（Heat death of the universe）。

后人批判汤姆森（William Thomson）和克劳修斯将热力学第二定律妖魔化，错误的运用在全宇宙的模型上，用热寂论制造恐慌，在量子物理时代该理论已被推翻。在古典热力学的年代，人类凭借有限的知识试探预测宇宙的未来，也未尝不需要莫大的勇气。人类只是宇宙浩瀚中渺小、稍纵即逝的一根芦苇。这根脆弱的芦苇如今竟抬起头来猜测宇宙的命运，仅仅是这一瞥，在人类文明中已足够辉煌。

仰观宇宙之大，俯察品类之盛。

19 世纪的物理学家不仅探问苍穹的奥秘，也考察万物之间的联系。出生于维也纳物理学家玻尔兹曼（Ludwig Eduard Boltzmann）从统计意义上对克劳修斯的热力学第二定律进行了阐释。他最重要的科学成就是分子运动论，通过研究气体分子运动，他提出了著名的波尔兹曼分布，并在分子运动论中发现了熵和微观状态的概率分布的对数关系，由此提出了波尔兹曼熵公式。有趣的是，波尔兹曼的研究是在预设原子与分子存在的前提下进行的，可以想象，在分子和原子尚未证实存在的十九世纪九十年代，波尔兹曼的研究并不为大多数人所理解，也受到不少同行的攻击和批判。1929 年，让·佩兰（Jean Baptiste Perrin）因在爱因斯坦理论的基础上证实了原子与分子的存在而获得诺贝尔物理学奖。遗憾的是，为自己信仰的真理辩护终生的玻尔兹曼却没能等到属于自己的黎明。1906 年，玻尔兹曼抑郁症发作，自缢身亡于意大利。

不可否认，玻尔兹曼的研究为统计热力学奠定了坚实的理论基础，后来直接成为 20 世纪物理学家如爱因斯坦，费米及狄拉克等量子物理学奠基人的研究基础。站在巨人的肩膀上，量子物理学应运而生。从宇宙诞生到时空幻想，我们于是借由物理学的进步，进入一个更加扑朔迷离的空间。

19世纪的德意志区，四位勇敢而坚定的物理学家——迈尔、亥姆霍兹、克劳修斯和玻尔兹曼——为物理新时代斩荆披棘，也为人类文明留下了宝贵的科学遗产。他们探索能量的奥秘，跨越时空，将这永远守恒的能量传递给了一代又一代的物理学家。从黑暗而来，逐黑暗而去，人类在浩瀚的宇宙中也许并无特殊之处。然而，在堪称"瞬间"的人类文明中，总有一些群星闪耀的时刻。它们如星辰一般散射着光辉，夺目璀璨。

风云际会：20 世纪德国物理学（上）

20 世纪，对于人类文明史而言是幸运又最不幸的一个百年。

两次世界性大战相继爆发，自诩西方文明摇篮的欧洲沦为一片火海，燎原之势迅速点燃整个世界，王朝颠覆，良知泯灭，往事不堪回首。对于德国而言，20 世纪留下的罪孽未算清，伤痕未愈合。好在，时间从不定论善恶——好的、不好的，它都一并留下了。正是因此，站在那个时代科学家们的成就之上，我们踮起脚尖，触问星辰。

在那个一言难尽的百年里，X 射线、电子、辐射、量子理论和相对论的论证与发现让这个时代成为改写人类科学史的新篇章。在这些伟大的科学成就中，德国理论物理学家当仁不让，成为欧洲乃至世界的焦点。

奥地利作家阿莫斯·埃隆说，德国历史上曾经出现过两次智力大爆发的时代。第一次，是以歌德、席勒、康德、黑格尔为代表的 18 世纪人文哲学时代；第二次，就是以赫兹、伦琴、普朗克、爱因斯坦、薛定谔为代表的 20 世纪自然科学时代。根据科学传记字典（The Dictionary of Scientific Biography）的记录，从 1890 年到 1914 年，全德境内共有 22 间新型物理实验室建成。相比其他国家（英国 19 间，美国 13 间，法国 12 间），德国的物理学研究基础已算得上是世界领先。英雄出少年，同一时期，全世界共有 197 位二十岁出头的物理学家（20 岁左右博士毕业并继续从事物理研究），其中德国占了 52 位，英国 35 位，法国 34 位，美国 27 位。这也不难解释，为何在 20 世纪之初，物理学在德国取得了惊人的进展。

1857 年，海因里希·赫兹（Heinrich Rudolf Hertz）在汉堡一个改信基督教的犹太家庭诞生。作为家里的长子，海因里希是父母的希望，是弟弟妹妹崇拜的偶像。不负众望，这个早慧的孩子从小就展现出了惊人的语言与科学天赋，在读大学之前，他已经可以说一口流利的阿拉伯语，并能够阅读梵文。然而对于年轻的赫兹来说，语言学起来太过轻松，他更希望能够学习一些有挑战性的东西。在家人的支持下，赫兹来到柏林洪堡大学求学，拜师于亥姆霍兹和基尔霍夫门下，自此走上物理研究的道路。23 岁时，赫兹获得博士学位，并继续在导师亥姆霍兹的指导下做研究，直到三年之后收到基尔大学邀请他出任物理学讲师。基尔自然不比柏林，没有偌大的实验室，不再有恩师的指点，赫兹想，这样正好，可以专攻理论物理。在这个宁静的小镇上，赫兹改写了麦克斯韦方程组，并将新的发现纳入其中。经过在基尔大学的历练，赫兹已经成长为一名可以独当一面的物理学家，两年之后，他收到卡尔斯鲁厄大学的邀请就任物理系主任。

作为系里最年轻、也是最有影响力的教师，赫兹率领实验团队发现，紫外线照在金属电极上，可以产生电火花。这就是所谓的光电效应（Photoelectric effect），然而却并没有为这个发现寻求到合适的解释，直到 1905 年，爱因斯坦发表论文《关于光产生和转变的一个启发性观点》，其中认为，光的能量并非均匀分布，而是负载于离散的光子，而这个光子的能量和其所组成的光的频率相关。正是这项研究成果帮助爱因斯坦获得了 1921 年的诺贝尔物理学奖。

重返实验室的物理学家如同亲临沙场的将领。在这里，赫兹终于有机会验证限于理论阶段的麦克斯韦方程改进版。1886 年至 1888 年间，他成功证明了无线电辐射具有波的性质，并发现电磁场方程可以用偏微分方程表达，这个方程被称之为"波动方程"。这个伟大的发现为赫兹赢来更大的赞誉，学生与记者蜂拥而至，他们争相向赫兹询问这一发现的价值。

赫兹想了想，说："至少证明了麦克斯韦是对的吧……"

学生："那有什么用呢?"

赫兹："没什么用吧? 不要太功利啦!（笑）"

学生：……

赫兹似乎对解释或推广自己的发现并不上心，光电效应也好，电磁波也罢，这些划时代的发现都是后来的物理学家为此提出了合理的阐释及普及性的应用。然而，并非赫兹不想，而是时间不再允许他耕耘在自己已经硕果累累的物理花园里了。躺在病床上，他看到那果树枝头盈硕，而自己却再也没有力气将那些果子取下，也无福消受那甜美的滋味。1894 年，赫兹患韦格纳肉芽肿，感染败血症而去世。享年36 岁。

在赫兹去世的第二年，一位意大利小伙子读到他的著作，马上想到能否将无线电波这一发现用于信号发射，并冲回实验室繁复实验，最终获得成功。他叫古列尔莫·马可尼（Gulielmo Marconi），是世界上第一个无线电技术专利的拥有者，也正是他的这项专利翻开了人类通讯史的新篇章。为了纪念天才的赫兹，人们将频率的国际单位以他的名字命名（Hz）。

19 世纪末，20 世纪初，继承了亥姆霍兹、克劳修斯及玻尔兹曼等杰出热力学家成就的德国物理学界，正迎来一场创世性的变革。这场年度盛宴的主角，就是乌尔兹堡（Würzburg）大学的物理学教授，威廉·伦琴（Wilhelm Röntgen）。

1869 年，伦琴取得苏黎世大学物理学博士学位。辗转在多处大学任教之后，1888 年他终于获得乌尔茨堡大学的邀请，就任物理系主任。自这一年开始，伦琴调整研究方向，主攻阴极射线的穿透性，直到 1895 年。在将近 7 年的研究与实验里，伦琴几乎用尽了前辈们留下的一切办法研究真空管中的高压放电效应，并没有特别的进展。11 月 8 日，乌尔茨堡冷得让人不想出门。伦琴只身一人来到实验室，继续他未完成的荧光实验。这天，他改进了自己的实验设计，用黑纸屏来盖住实验管，试图制造一个暗室，以便观察记录荧光。然而，无论怎样降低房间的亮度，在试验管附近总能发现微弱的光。伦琴费了好几个小时，重新安装实验装置，却依旧不能摆脱那一点点光。"这到底是哪里来的……"伦琴左思右想忽然意识到，也许根本不是实验设计的问题，而是他本来要用于捕捉荧光的氰亚铂酸钡板在发光！

这一偶然的发现让伦琴兴奋不已。阴极射线和荧光试验立刻被抛到脑后，他在接下来的几周几乎住在了实验室，不停的实验记录着这个神秘的 X 射线的性质（是的，X 射线是伦琴命名的，意为"未知射线"，而在德国这个射线被称为

"伦琴射线")。很快，伦琴确定出一个距离管子的特定距离，从这里能够看到更强的光亮。然后，他开始研究不同材料对这种射线的阻挡能力，当把一小片材料放在射线产生的地方，竟然在 X 光影像屏上看到自己手掌的骨架，这简直让他又惊讶又害怕……老天，竟然穿透人体了，怎么可能！为了确保这个实验并不是自己的幻觉，伦琴又连续实验了好几天，终于确保万无一失——X 射线确实存在，性质也确实如自己记录所述。

50 天后，伦琴发布论文阐述这一新发现，德国上下无不为之震惊。在伦琴余下的日子里，他为研究 X 射线的性质与用途鞠躬尽瘁。1923 年，这位伟大的物理学家在癌症的折磨下与世长辞，终年 77 岁。很多人认为，是因为伦琴常年从事放射性工作，辐射致癌。无论怎么说，伦琴多少也算是这个研究领域中为数不多的倡导用铅做防护屏的工作者，因此很难说伦琴所患的癌症是否与此相关。

尽管 X 射线的发现大大地改进了传统医学，然而时代局限下，伦琴最终也没有解释出 X 射线到底是什么。直到 1914 年，德国物理学家马克斯·冯·劳厄（Max von Laue）发现了晶体中的 X 射线衍射现象，借此证明了 X 射线的波特性，也证明了晶体的晶格结构。这一发现使得冯·劳厄获得当年的诺贝尔物理学奖，并在 1953 年帮助詹姆斯·沃森和弗朗西斯·克里克得到了 DNA 分子的双螺旋结构。据说，第一个拍 X 光片的中国人是李鸿章。1895 年时，李鸿章参加马关条约谈判之际被刺客枪击左颊，受了重伤。虽然伤好之后并未对李鸿章的工作造成什么影响，但医生考虑到李鸿章年事已高，不敢贸然实施手术，所以只好让子弹留在伤口里，并未取出。伦琴论文发表 7 个月之后的 1896 年 6 月，李鸿章访问德国，并在宰相俾斯麦的建议下接受了 X 光拍照检查，亲眼看见日本的子弹头嵌在他左眼下的骨头上，总算确信了日本医生所下的诊断。如今，X 射线在物理、化学、医疗及航天等诸多领域应用广泛，神秘的 X 射线逐渐呈现出它驯化的一面，成为现代文明中不可或缺的部分。

群星璀璨的 20 世纪德国物理学界，极耀眼的一颗属于马克斯·普朗克（Max Karl Ernst Ludwig Planck）。1858 年，普朗克出生在当时仍属丹麦的基尔，不久，普丹战争爆发，普朗克一家为避战难，举家迁往慕尼黑。在慕尼黑这片科学新星云集的沃土上，普朗克对数理知识展现出极大的热情，纵使他一直以音乐家自诩。不可否认，普朗克的音乐天赋十分出众。他弹得一手好钢琴，管风琴，还会拉大提琴，同时也喜欢谱曲作词。然而面对大学选科，普朗克仍然决定学习物理——毕竟，音乐是他的缪斯，而物理却是他的阿波罗。

19世纪末，建立在牛顿力学体系上的物理学已经基本完备，这套精美却简约的体系几乎可以解释整个自然，不少学者认为物理已经终结。普朗克的教授曾经劝他不要学习物理，这不再是一块沃土，这是一块被过度开垦的土壤。然而普朗克对求学物理非常虔诚："不求名垂青史，只求读懂现世。"

1877年，普朗克转学到柏林，拜师亥姆霍兹，专攻理论物理，并根据热力学第二定律撰写博士论文，两年后获得博士学位，并获得慕尼黑大学任教资格。虽然在获得教职后，普朗克并没有受到学界的重视，他也丝毫不介意，继续以极大的热情投入物理研究的工作中。在18世纪的物理学研究中，黑体辐射问题成为最具争论性的议题之一。我们知道，当铁被加热的时候，先呈现暗红色，然后是明红色，最后会被烧成黄色甚至白色。这是因为，频率低的光会在稳定温度下出现，而频率高的光则会随着温度升高而出现，所以当物体白热化的时候，所有频段的光都被放射出来。当研究温度更高的物体时，实验证明，物体发出的光会倒向蓝色光谱一侧，直至成为紫外线。然而，在经典物理学背景下，根据威廉·维恩所提出的"维恩近似"计算出来的低频光的强度与实验不符，为了解决这个问题，瑞利勋爵和金斯勋爵为此提出了瑞利-金斯定律，却又高频光时计算出无穷大的强度（紫

量子力学创始人之一马克斯·普朗克（1858—1947）

外灾变）。对于黑体辐射的争论，普朗克假设能量具有最小单位，并在此基础上推导出黑体辐射定律。1900年12月14日，普朗克在德国物理学学会会议中提出辐射定律的理论推论，并给出了能量量子化的数值，完美解决了黑体辐射的问题。然而，这一切并非站在经典物理学的角度上进行作答，倒不如说，借由黑体辐射留下的裂口，普朗克开创的量子论，带物理学闯入一片崭新的天地。为了铭记这创世性的一天，人们将12月14日定为量子日，而普朗克也因此成为1918年诺贝尔物理学奖的获得者。

正当学术名望蒸蒸日上之时，第一、二次世界大战相继爆发。起初，普朗克看不清局势，站错了队，幸而后来立即悔改认错，自此一直战斗在反独裁，争取学术自由的第一线。一战期间，德国物理学界动荡不堪，身为柏林洪堡校长的普朗克大声疾呼，号召物理学者们"坚持到底，继续工作"（Durchhalten und weiterarbeiten）。等到硝烟过后，整个国境内一片断壁残垣，魏玛共和国像一团缥缈的幻想，最后招来的也许只是恶灵。1933年纳粹上台时，普朗克是威廉皇家学会的主席。已经74岁的普朗克亲眼目睹自己心爱的学生被驱逐，前一天还在一起工作的同事第二天就不知了去向。旧年好友陆续逃出欧洲，而普朗克却什么也做不了。他直接向希特勒抗议过，但一无所获。然而就算如此，普朗克依然实践着自己的诺言——坚持到底，继续工作。他离开柏林，巡游演讲，将自己毕生的知识与信仰传递给年轻的物理学者们。

1942 年，普朗克离开柏林，身后那座倾注全部心血的城市正火光滔天。

普朗克依稀记得，6 岁时离开故乡那天，也是这样温暖得令人心碎。

"我要活下去，直到暗夜散去，旭日再次东升的那天。"

1947 年，普朗克与世长辞。葬于美丽祥和的物理学重镇哥廷根。

人类文明史上总有一些难以解释的现象。为什么甲骨文发现在 19 世纪末，中华文明风雨飘摇的前夕？又是为什么，这一项项惊人的物理学成就横空出世于 20 世纪初，人类文明面临战火洗礼的午夜？有人说，问卜殷墟三千载，那一片龙骨的觉醒，是要华夏觉醒。那或许，人类对自然的领悟力在20 世纪飞跃式的进展，也是自然将那一点点的秘密泄露给天才的学者们，让对这世界丧失信心的人，对文明感到悲观的人，鼓起勇气继续活下去。

战火摧毁宫殿，烧毁书籍，歪曲历史，泯灭人性。却扭曲不了时空，无法毁灭自然运行的规律。普朗克在柏林大学振臂一呼——"坚持到底，继续工作"，为那个已经疯癫的德国保留了最后一点点清醒与理智。无论在怎样黑暗的岁月里，桌前一盏孤灯便是引领征服星辰大海的启明星。是他们，用数学的语言勾勒了一个绝对自由的宇宙空间；也是他们，用执着与勇气守护着人类对自然的敬畏与好奇。

致敬那个天才的时代。

光荣与泪水，我们不会忘记。

风云际会：20世纪德国物理学（下）

19世纪末，20世纪初，在这极夜将至的世纪之交，本以为即将终结的物理学忽然在量子力学和相对论的理论框架下迸发出新的生命力。步入现代物理学的这个纪元年里，阿尔伯特·爱因斯坦的名字已成为整个时代的代言。这位生于德国，求学瑞士，后半生在美国的物理学家不仅颠覆了整个人类对于自然认知的逻辑哲学架构，他动荡的一生也是20世纪科研重心世界性挪移的缩影。

关于这位天才学者的传说很多。他是搞怪大师，大概还帮美国造了原子弹，喜欢听莫扎特、吃鱼子酱，很多时候，他还能成为励志教材，仿佛人类文明只要凭借个人不懈的努力就可以取得飞跃性进展。人们说，爱因斯坦学说话晚，在慕尼黑读书时候成绩不好，考苏黎世联邦理工也考了好几次，毕业后找不到工作走了后门才在瑞士专利局找到一份工作，人到中年才天才灵感迸发，一下整出了好几套非常厉害

1930 年，爱因斯坦（1879—1955）与妻子抵达纽约

的理论打败了牛顿。这样，平凡的我们也可以稍微安慰一下自己——我的灵感只是还未降临。

然而，天才终究不可复制。爱因斯坦16岁就考上了苏黎世联邦理工，不过因年岁不够只好成年再考。我猜想，爱因斯坦大概不会把自己标榜成"天才"，他在大学时候成绩并不算好，但成绩的好坏却不足以衡量一个人未来的影响力。在瑞士专利局工作之余，爱因斯坦和志同道合的朋友在一起组建"奥林匹亚学院"，畅谈科学物理，一起读经典，相互辩论解惑。比起曾经在德国忍受教条的日子，在瑞士的那段岁月简直堪称天堂。也许正是这样自由的学术环境帮助爱因斯坦从新的纬度思辨牛顿所建立的经典物理，进而完善发展成为自己的理论物理及宇宙哲学。

1905年，爱因斯坦在《物理年鉴》上连续发表四篇论文，分别涉及光电效应，布朗运动，狭义相对论及质量能量关系等问题。从未有人在如此段的时间内对现代物理做出如此巨大的贡献，因此这一年也被纪念为"爱因斯坦奇迹年"。这四篇论文为爱因斯坦带来极大的学术声望，他先后在布拉格查理大学，母校苏黎世联邦理工学院担任物理教授，主要教授分析力学与热力学的知识。应普朗克的邀请，爱因斯坦于1914年前往柏林担任威廉皇家物理研究所的第一任所长，兼任洪堡大学教授，继而晋升普鲁士科学院院士及德国物理学会会长。1916年，爱因斯坦发表广义相对论，用几何方法解读引力，从而重新构建了时间、空间及宇宙运行的意义。在柏林的那段日子，应当是爱因斯坦一生中最留恋的时光了。那时，他站在德国物理学界顶端，凭借自己的天才智慧与孜孜不倦，与同一时代的物理学家们一起开创了一片崭新的未来。

然而，属于德国物理学的朝阳并没有升起。他们等来的，却是一场血雨腥风。1933年，希特勒上台，纳粹党夺取德国政权。爱因斯坦的犹太血统让他难以再次返回德国，无奈之下他只得带着家人前往美国，受聘成为普林斯顿高等研究院教授。终其余生也再没有返回过欧洲。在那片自由的土地上，爱因斯坦将自己的理论不断精炼完善，从宏大宇宙到微观世界，爱因斯坦的预言几乎全部一一应验。2016年，广义相对论发表一百周年，激光干涉引力波天文台（LIGO）团队宣布人类完成对引力波的首次直接探测。在人类探索宇宙的无尽征程中，我们又向前跨越了小小的一步。

尽管今天提及爱因斯坦，人们通常会首先想到相对论，但爱因斯坦对于光电效应及量子物理的贡献同样也不能忘记。1921年，爱因斯坦获得诺贝尔物理学奖，由于当时相对论仍备受争议，瑞典科学院仅以此奖用于表彰他对赫兹所发现的光电效应给出有说服力的解释。爱因斯坦认为，光可以被量子化，但是在量子力学系统中，运动的粒子的位置与动量是否可被同时确定，这在当时的物理学家中间存在极大争论。

在量子力学刚刚起步的二十世纪初期，物理学家对于实验室中各种新奇的量子现象充满好奇。这些反常识的实验结果让人们对量子系统极其不解，如果实验结果总是不可预测的，那么实验就没有意义了。对这一奇特的现象，以丹麦物理学家尼尔斯·波尔和德国物理学家维尔纳·海森堡（Werner Heisenberg）为代表的一些欧洲物理学家给出了著名的哥本哈根诠释。海森堡认为，观察测量这一动作本身已经影响了量子系统的状态，测出的结果唯一，但量子系统状态本身只能是个概率。

这说起来相当深奥，如果矫情一点，我们可以理解成：一生中多少浪漫情缘，最终也只有一个归宿。在没有掐定那一瞬间的结果前，量子系统只能由概率描述，而打开盒子的一瞬间，它的模样也就只剩下我们能看到的模样了。这也就是奥地利物理学家埃尔温·薛定谔（Erwin Rudolf Josef Alexander Schrödinger）那只著名的、生死未卜的猫背后所阐释的逻辑。

爱因斯坦对哥本哈根诠释表示怀疑。他认为量子态是可以确定的，因为"上帝不通过掷骰子来做决定"，用概率来预测粒子的速度与位置是实在太牵强。在美国的日子里，爱因斯坦不断向哥本哈根诠释发难挑战，不过后生可畏，这批年轻的物理学家坚持探索，并从崭新的角度来回应学界的质疑和批判。

在这场旷日持久的辩论中，两位德系物理学家的名字已为我们所熟知。薛定谔与海森堡这两位理论物理学家坎坷的命运，也映射着德意志学者战争时期仅剩的两条出路。只可惜，没有一条能通向黎明。

1887 年，薛定谔出生在奥地利维也纳。这座美丽的城市还沉浸在茨威格式"昨日欧洲"的落霞余晖中，自由且美丽，让人心仪，又让人心碎。如同大多数在维也纳求学的学者一样，薛定谔也是在哲学与音乐的氛围中成长起来，并形成了那一代人特有的艺术品位与哲学思想。作为有志青年，薛定谔参加了第一次世界大战，所幸毫发无损归来，而后在耶拿大学、斯图加特大学、布雷斯劳大学及苏黎世大学教书，并在苏黎世提出了著名的薛定谔方程。对于量子力学独到的见解成就了薛定谔的名气，1927 年，在普朗克受困离开柏林之时，薛定谔临危受命，前往洪堡担任物理学教授。

可怕的是，战火从不分智慧或愚蠢，恶魔之前哪有尊卑。纳粹上台之后，薛定谔因有英国血统，移居牛津担任访问学者，同年获得诺贝尔物理学奖。在那之后，薛定谔辗转普林斯顿、爱丁堡、格拉斯、都柏林等地讲学任教，居无定所，颠沛流离。

与薛定谔动荡的一生相比，海森堡就要风平浪静得多。1923 年，年仅 26 岁的海森堡已获得莱比锡大学的教授一职，并于同年提出"不确定性原理"，成为哥本哈根学派的代表人物之一。纳粹上台之后，由于海森堡从出身到学术成就都符合纳粹宣传的需要，遂被希特勒重用，成为纳粹德国的核武器的领导人之一。这段经历让海森堡在历史上备受争议，虽然纳粹没有造出核武器，但大部分人都认为海森堡服务纳粹这件事本身已不可原谅。海森堡辩解说，自己是为了保证纳粹造不出核武器才加入研究的，在研究过程中，他故意算错数值误导研究结果，才确保在兵力耗尽之前希特勒也没有一颗原子弹。

究竟是忍辱负重还是心甘情愿，今天我们已经无从考证。作一位科学家，追求真理；作一名学者，追求信仰；作一个人，不愧对自己的良心，在战后重新回归德国学界的海森堡若是经得住良知的拷问，那么也不需要对任何人解释。公道其实并不在人心，知罪亦不在千秋，人这一生坦荡走过，不负真理与良知，于己足矣。

"能说乱离惟有燕，解偷闲暇不如鸥。千桑万海无人见，横笛一声空泪流。"

或背井离乡，或颠沛流离，或扪心自问一生……在自然真理的挑战前从未屈服过的德国物理学家们，迫于生计不得不离开这片知识与文明的土地。战火燎原过后，雪原焦土，百废待兴。值得庆幸的是，在那 19 世纪末，20 世纪初午夜时分种下的这一枚种子，经历风雨之后反而更加坚强。二战之后，现代物理的成就被广泛应用。激光、原子钟、核磁共振等今天我们并不陌生的概念应运而生；对半导体的研究直接导致了晶体管的发明，构成了现代计算机的基本单位，让人类的计算和推理速度都有了质的飞跃。在这些成就的基础上，新行业不断涌现，传统行业经历改革与时代接轨，人类社会关系也因此而产生一系列剧变。第三次工业革命袭来，惊涛骇浪。

历史不会被忘记，它沉淀出我们脚下的大地，凝结成霜露雨滴。今天，我们终于站在前人搭建的现代物理高楼上，触碰新的世界。

韦茨拉尔：光影百年少年心

在德国，大城市如柏林、汉堡、法兰克福，由于交通便利商业，商业氛围活跃，走马观花下来一路，仿佛以看完德国几百年历史。然而，始终觉得，大城市太过标签化和纪念化，到处都已经将历史总结归纳起来，烹饪成一道快餐呈上来，有点食之无味。仿佛一本好书一口气翻到终章，一出好戏最后三分钟入场，一杯好酒顷刻干尽，总让人觉得浮躁。

私以为，旅行最有意思的地方在于亲历。或是走马观花，或是朝圣之旅，唯有走进一座城市，坐下来静静感受，才能看到光斑下飞扬的灰尘正缓缓下落，沉淀成我们所谓的历史。于是，对于这座城而言，在这一时这一秒的造访，也成为城市历史的一部分而被永远珍藏。这样的体验，在大城市里也许很难体察，而当因着一两个目的拜访经典小镇时，却格外清晰。

在距离法兰克福往北 70 公里左右，坐落着一座安静美丽的小镇，名曰韦茨拉尔（Wetzlar）。这座仅有五万人口的小镇已经在这山谷河畔繁荣了一千五百年。它美丽而古朴，优雅又低调，这座名不见经传的小城是一段神话——它见证了歌德永恒的少年心，又造就了百年不朽的莱卡传奇。

1772 年 5 月，23 岁的歌德从莱比锡法学院毕业，作为候补官员来到韦茨拉尔的帝国最高法院实习。虽然只是个实习生，歌德还是很重视这次实习的。他一直觉得，单纯学习法律知识不能帮助他融入帝国的法律体系。只有通过在司法部门的实践与观察，才能勾勒出帝国庞大的法律体系蓝图。然而，在实习的这四个月中，歌德一方面为自己专业知识不足倍感受挫，另一方面意识到帝国司法体系中的腐败问题让人十分气馁，以至于开始思考自己是不是真的适合从事法律事业。可是迫于父亲的压力，这句话歌德一直没有勇气对家人说出口。

在韦茨拉尔实习的日子里，每天枯燥的法律条文和过度成人化的司法氛围不由得让人想要逃离。好在，歌德在这座小镇里遇到一位红颜知己，叫做夏绿蒂·布夫（Charlotte Buff）。这位美丽的少女欣赏歌德的诗歌才华，也总愿意和他一同散步郊游，谈天说地，这让歌德感到极大的安慰。如同大多数父母一样，夏绿蒂的父母希望她能嫁给一个生活稳定，仕途顺利的可靠男人，于是安排夏绿蒂和一位叫做约翰·克里斯蒂安·凯斯纳特（Johann Christan Kestner）的律师订婚。凯斯纳特是一位务实而稳重的男士，对夏绿蒂也很好，在夏绿蒂父母看来，远比一天到晚抱怨司法体系不公，专业知识又不牢靠，每天就爱望着星星写诗的歌德更有"女婿相"。23岁的少年伤心欲绝，在实习期结束之后，离开了这片伤心地。

同年10月，歌德因公事回到小镇韦茨拉尔，恰是夏绿蒂的丈夫凯斯纳特告知歌德，当时一起实习的一位年轻同事卡尔·威廉·耶路撒冷（Karl Wilhelm Jerusalem）因失恋饮弹自尽，而最具讽刺性的是，借给耶路撒冷手枪的人，正好是凯斯纳特本人。凯斯纳特懊悔不已，逢人就要忏悔一番，仿佛这样能减轻自己的罪孽感，却丝毫不知对面的歌德已是目瞪口呆。

深秋来临，歌德感到有什么东西已经无声的死去了。

两年之后，《少年维特之烦恼》在莱比锡书展问世。在这本薄薄的小书里，爱恋有多深，离别有多痛，全在字里行间。没有惊天动地的爱情，没有海誓山盟的决心，不是悲情不是苦短，而是当一个人真正爱过之后，所能见的美好与绝望，歌德都将它化成了诗与画，统统再现。故事最后，维特穿着绿蒂最喜欢他穿的那身蓝黄相间的衣服，在清晨用绿蒂递给他的手枪自杀。终于，在这个瞬间，歌德也从对夏绿蒂的苦恋中解脱出来，成为德国文学史上的传奇。

如今在韦茨拉尔，建筑还保留着歌德时期的风貌。林荫小路上，有羞涩的少女提着篮子走过，也有少年跨坐在墙上苦思情诗。有人扮成绿蒂，在院子前种下一株白色的小花，她说，那要献给维特，请保守秘密，不要告诉约翰。有牵着手的恋人，来到耶路撒冷墓前诉说对未来的不知所措。

如果说，人因不再有爱的冲动而老去，那么韦茨拉尔想必会永远年轻。它在热恋的时候夜空都如此明亮，在等待的时候溪水都变得缓慢，在悲伤的时候清晨也显得忧郁，在亲吻的时候连土壤也芬芳。是诗歌与爱，成就了永远年轻的韦茨拉尔。

诗歌与爱因分享而流传。于是小镇要将它的另一样魔法分享给来者。那是它的骄傲——造就光影传奇的莱卡相机。

对于摄影爱好者来说，莱卡那枚红色的商标已经成了一种图腾。法国摄影大师，纪实摄影经典之作《决定性瞬间》（The decisive moment，1952）的作者亨利·卡蒂尔-布雷松（Henri Cartier-Bresson）曾这样描绘莱卡："按下莱卡相机快门的感觉，犹如一个温暖的深吻，一发左轮手枪的射击，一张心理咨询师的躺椅"。那时一种质感，是情调，是时间与光线的艺术作用下的灵感喷发。按下快门，瞬间变成了永恒，时间被凝固，容颜永不苍老。

1913年的一天，在莱茨（Leitz）光学设备厂工作的光学工程师奥斯卡·巴纳克（Oskar Barnack）气乎乎地回到工作室，向同事大发牢骚说拍个照片简直快要了他的命。原来，身患哮喘的巴纳克接受了医生的建议，他应该多去森林走走，呼吸一下新鲜空气，可能对治疗哮喘有一定好处。作为摄影

莱卡相机拍下的第一张照片

爱好者，巴纳克干脆把摄影器材一起带着，觉得应该有机会能拍出好照片。没想到森林里没有路，不能开车，巴纳克只好把 18 块干板底片，六个双层盒底片还有一个巨大的摄影皮箱背在身上，深一脚浅一脚的往森林深处走去。这下可好，沉重的行李让巴纳克几乎喘不上气来，好不容易来到风景绝佳的地方，等搭好摄影设备，天都已经黑了。可怜的巴纳克只好又重新收拾装备，气喘吁吁地回到车上，一天下来什么都没干，别说治疗哮喘了，累得腰酸背疼，连发火的力气都没了。

同事听罢哧哧笑起来，挪揄巴纳克道，你倒是自己做一台轻便的相机啊。

没想到，巴纳克较起真来，居然真的动手开始造相机了。其实早在一两年前，巴纳克已经在研究如何把电影胶卷塞进相机，改进先前笨拙的照相技术。终于在这一年，忍无可忍的摄影师铆足劲儿把先前的研究成果予以实现，造就了第一台使用 35 毫米标准电影胶片的 35mm 便携式相机——原型莱卡（Ur-Leica）。这台相机只有眼镜盒那么大，有黄铜镜头可以伸缩取景。巴纳克把这台小巧的相机带去市镇和森林，虽然技术上还有不少改进的空间，但至少他可以愉快地边拍照边散步，让摄影走出工作室，成为生活的艺术。

1923 年，莱茨公司生产了 31 台原型莱卡作为摄影爱好者实验机，巴纳克相机第一次公开亮相。由于这种相机的反响非常好，莱茨公司决定给这种 35mm 胶卷相机取一个名字，作为系列产品推出市场。经过讨论，公司决定用莱茨公司（Leitz）的前三个字母和英文照相机（Camera）的前两个字母结合起来，成为这种便携式相机的代名词——莱卡（Leica）。在 1925 年的莱比锡春季国际贸易展销会上，莱茨公司正式推出了面向市场的 30 台莱卡 I 相机，配有 50mmF3.5 的 Elmal 镜头，镜头是固定在机身上的，没有测距装置，拍照时需要目测距离对焦才行，对摄影师的技术有比较大的挑战。值得一提的是，莱卡相机是有两块快门布帘的，这是巴纳克特意为莱卡相机设计的杀手锏。在当时的技术条件下，双快门布帘闭合可以说是解决曝光问题最佳的手法，由于巴纳克提前将这一技术申请专利，使得后来的大部分专攻生产便携式相机的厂商不得不另寻办法，也依然无法和莱卡的技术相媲美。

巴纳克将一生都献给了对于光影科学的追求。莱卡 III 是他去世前留下的最后一台莱卡相机，这个版本直到 1957 年都还是莱茨公司改进相机的蓝本，也是相机史上第一次将快门速度降到 1 秒以下。莱卡的旁轴相机举世闻名，莱卡 M3 是今天所有莱卡 M 相机的始祖。也许由于莱卡第一批相机是按照编号排序的，很容易让人以为 M3 是 M 系列的第三代相机。实则不然，M 代表德文的旁轴取景相机（Messucherkamera），3 代表三个取景框：50mm、90mm、

原型莱卡相机

135mm。M3 把取景窗和测距窗结合在了一起，让摄影师更容易操作。虽然 M3 使用的都是当时现有的技术，但却是第一台将所最高技术结合在一起的，轻便而实用的完美相机。

随着数码时代到来，莱卡为了应对市场需求，也推出过单反相机和数码相机，然而却由于价格昂贵，并不如日本相机热销。有评论分析说莱卡不知变通，市场当前，物美价廉才是生存之道。然而，这样的批判莱卡已不是第一次面对。20 世纪中叶，相机生产已基本由机器完成，莱卡却丝毫没有改变手工作业的意思。直到今天，在离韦茨拉尔不远的村庄索尔姆斯（Solms），大部分莱卡相机的精调依旧还是由那里人工完成。装配一台相机需要技术精湛的 35 位工人一起工作 8 小时才能完成，一百年来，并没有什么改变。

走过韦茨拉尔的铁器市场，站在街角，巴纳克用莱卡相机拍下的第一张照片好像正如昨日。百年如一瞬，原型莱卡问世那时，巴纳克怎么想得到今天相机已成为我们生活中必不可少的一部分？苏珊·桑塔格说，摄影是视觉的延伸。通过摄影，我们看到了更广大的世界，可以追忆更久远的时间，也许生命的广度与长度都在此之上得到了延展。

列车飞驰而过。黑森州的山谷中间那一座小小的城市韦茨拉尔，流淌着爱与诗意，如歌如梦的少年心在一瞬定格间，是纸墨情谊，是光影传奇。百年如一。

群星

哲学艺术

奥地利作家茨威格曾在《人类群星闪耀时》中这样写道：没有艺术家可以二十四小时不停地创作。那些最独特、最具生命力的成功之笔往往只产生在难得而短暂的灵感勃发时刻。这种时刻只发生在漫漫历史中的某一小时甚至某一分钟，但它们对人类文明的决定性却超越时间。它们宛如星辰一般永远散发着光辉，普照着短暂的黑夜。

星夜当空，岁月如歌。德意志文化五彩纷呈，文学、音乐、设计、绘画各个领域都硕果累累。巴伐利亚的君主路德维希二世曾如此概括德国艺术与德国性格的关系："对于永远不会成为信念的无穷世界的追求，以及思想从逻辑、清醒到神秘、不可知的不断变化飞跃，这是德国人在思考问题和驱除心魔时两股势均力敌的力量。它们构成了德国人的内心世界，这股力量对外驱使它们统治世界，对内则诱使他们转向音乐。"此言一语中的，在德意志历史上，对战争的追求与对音乐的向往常常并驾而行，例如腓特烈大帝既享有"战神"之称，又同时留下诸多长笛名作。对于生长于华夏大地的我们来说，欧洲古典音乐可能有些难懂，毕竟我们无法切身体会德国人内心的挣扎，也并不了解他们的历史，那么那些如雷贯耳的名字——巴赫，亨德尔，贝多芬，舒伯特，勃拉姆斯——究竟对我们有什么意义？

其实换位思考便可知道，德国人大概也不会明白"举杯邀明月"的孤独潇洒，然而任何人只需举起酒杯，对明月畅饮，其中风骨无须多言。维也纳古典乐派所留下的音乐文化遗产亦是如此，在继承了文艺复兴歌剧和巴洛克时期教堂音乐之后，德意志古典音乐为我们带来了一种纯粹而便于理解的音乐。当贝多芬的名曲《命运》中经典片段响起的时候，听者无不心头一震，那是呐喊，是咆哮，是不服输的灵魂在撞击心房。这种以音写诗的手法改变了人类对音乐理解。在波恩，在莱比锡，在那些被音乐浸染的城市里可以见到贝多芬或巴赫等音乐大师的塑像，他们永久的守护着那方生养他们的土地，他们的智慧也永远照耀着莱茵河谷。

与德意志古典音乐相生相长的是德国哲学。西方哲学进入到关于人类认识的问题后，经过大陆派与英国哲学家的激烈争辩，几乎被休谟用怀疑论击得粉碎。哲学几近面临终结之时，康德如救世主般横空出世，著书《纯粹理性批判》拯救全局，重新定义了认识的纬度。自康德之后，德国哲学终于在沉寂百年之后迎来了辉煌的黄金时代。黑格尔，叔本华，尼采，海德格尔，汉娜·阿伦特以及诸多德国哲学家、思想家都在康德开辟的新世界中耕耘着属于自己的一方田园。战火燎原，烧毁了哲学家珍贵的作品，却无法焚毁追求真理的决心，也许，根植于德语的逻辑与思维模式注定那个时代的德国哲学家会命途多舛，他们用血泪写成的著作为全人类敲响警钟。

夜幕降临，群星闪耀。午夜已至，黎明还会远吗？

大音希声：19 世纪的德意志古典音乐

无论是对古典乐颇有研究的爱好者，还是泛泛而听的门外汉，巴赫、亨德尔、海顿、莫扎特、贝多芬、舒伯特或是勃拉姆斯的名字对于我们来说从不陌生。在浩如银河的音乐世界里，他们正如星辰荣耀着整个人类文明。然而能探索星空的人终归有限，平凡的我们只能从自家窗外西眺，天旋斗转，不禁有点心虚——这些古典乐大师的光辉，似乎并没有照耀到我啊？

做学生的时候，喜欢听校园民谣。歌词里坚持的决心，甜蜜的暗恋，都如此真实——他们唱的，正是我们的青春。这也许就是音乐魅力的秘密：与每一颗心灵共鸣。而在拥挤的地铁里，堵车的高速路上，承受着孤独与压力的我们很少选择用斯卡拉蒂的《泰奥多拉》治愈自己。不通意大利语，也未曾见过那不勒斯的爱恨纠葛，大多数人很难对万里之外、百年之前的意大利歌剧产生深切的共鸣。同样，没有对上帝的崇拜和臣服于巴洛克教堂的感慨，经典的巴洛克音乐有时也显得聒噪。

然而，古典音乐离我们却也并不那么遥远。再仰望星空中那些灿烂的名字，我们发现他们几乎都彼此相识，语言相通，一脉相承。如同达·芬奇、米开朗琪罗或拉斐尔并非无缘无故地集中出现在文艺复兴时期的意大利一样，古典音乐黄金期属于18世纪晚期到19世纪的德意志地区（大德意志地区，包括奥地利、普鲁士等城邦在内的德语国家）也绝非偶然。追溯德意志历史，这段时期德国的唯心主义哲学也正在康德光辉下如日中天。于是，有理由猜想，古典乐的黄金时代和德国唯心主义哲学也许密切相关。

受马克思唯物主义教育长大的我们经常会把"唯心主义"误认为一个贬义词。而实际上，无论是唯物论还是唯心论，都只是解释人类认识世界的一种方式罢了，没有褒贬对错。举例来说，我们看到天空是蓝色的。但也许天空根本不是蓝色的，只是因为我们所有人都戴了能将天空处理成蓝色的隐形眼镜。唯心主义认为，天空本来的色彩（康德所谓的"物自体"）是不可知的，我们也意识不到自己戴了隐形眼镜（康德的"先天认识形式"），但人类所能用这副眼镜认识到的天空就只能是蓝色的（康德的"表象"）。简言之，在唯心主义哲学里，人类为了认识世界会通过心灵对那个不可知的世界进行加工，使其变得可以理解。

　　理解了德国唯心主义哲学的这一基本概念，就不难明白为何 19 世纪的古典主义音乐如此深得人心。

　　唯心主义哲学里最重要的就是对世界"加工"的这个过程，对于音乐而言，就是"听"这一过程。没有意大利语背景，不懂宗教礼仪，文艺复兴歌剧和巴洛克时期的教堂音乐对我们来说就像是我们的有色眼镜不能处理的那一部分，是尚且"听不懂"的、无法解读的世界。听不懂，就无法引起共鸣，无法进入作曲家谱写的天地，就无法体会其中的美。

　　然而来自德意志的维也纳古典乐派的音乐家们帮助我们消除了这一障碍，他们要寻找一种人类先天认识形式能够直接解读的音乐。18 世纪开始，没有唱词和对白的交响乐从歌剧和清唱剧中独立出来，成了纯粹的器乐曲。所谓器乐，也就是和声乐相对而言的音乐形式——它没有语言的掺入，也就消除了宗教和阶级背景的隔阂，凭借我们自带的有色眼镜足够处理其中的情绪。18 世纪晚期，德国曼海姆乐派开创交响乐主调音乐的手法，使得每一套交响曲都具有了鲜明的个性和独特的沟通方式，喜观众之所喜，悲观众之所悲。节奏轻快时，我们仿佛感到旭日和风；低音呜咽时，我们如同跌入峡谷深渊……这些都是日常生活中我们容易感知的声音情感，是属于人类认识世界眼睛中的一部分。维也纳古典乐派的音乐家们将这些声音通过乐器的配合传递出来，加入具有独特性格的交响乐当中去，于是古典乐离我们不再遥远，它是战火轰鸣，是阵阵松涛，是节日欢歌，是勃勃野心。如此亲民易懂的交响乐让古典脱下神秘的外衣，难怪康德也对器乐大加赞扬，称"器乐曲比文化更让人享受"（mehr Genuss als Kultur）。比起巴洛克及之前的音乐大家，18、19世纪的德意志音乐大师的作品更加容易被大众接受并记住，这也许就是为什么无论老少都对他们的名字耳熟能详的原因吧。当然，没有一个音乐家可以单独伟大，他们都要继承学习前人的作品和风格，才会有杰出的成就。可以说，经过欧洲音乐史近千年的打磨，才终于锻造了维也纳乐派的黄金时代。

对于19世纪的德意志来说，器乐交响不仅仅给人带来听觉上的享受，它同时也吹响了民族统一的号角。法国大革命之后，拿破仑战争席卷欧洲，德意志诸邦国尚未缓过神来，却不得不再次面对流离失所的惨剧。在这个时期维也纳古典乐派所创作的诸多交响乐、奏鸣曲中，渴望民族统一的德意志意识被不断呼唤，它震动在每一根琴弦上，也敲响在每一个德国人心里。交响乐消除了语言的障碍，说着不同方言的德意志邦国却能一同理解国家分裂的悲怆。在这一时期，交响乐也同时肩负了国民教育的职能。在交响的陶冶中呼唤一种共同的德意志意识。大众音乐报（Allgemeine musikalische

Zeitung）的首任编辑弗里德里希·罗赫利兹（Friedrich Rochlitz）在报纸创刊时寄语：德意志终将在音乐殿堂中获得统一。在贝多芬写下第九交响曲24年之后，1848年法兰克福国民议会召开，47年之后，俾斯麦率领普鲁士统一德国。我们无法知道，在贝多芬写下那首本打算献给拿破仑的《英雄》时，铁马冰河是否入梦来，但我们却知道，在他离开后的这半个世纪里，德意志人在他写下的雄壮激昂的前奏里，勇敢无畏，义无反顾。

德意志历史多舛，在普鲁士统一德国之后不久一战爆发，混乱的魏玛共和国之后二战爆发，二战结束不久之后两德分裂……直到1990年才再次统一。那些黑暗惨淡的过去，那些屈辱罪孽的记忆，同这悲怆与坎坷的命运之歌紧紧相连。19世纪古典音乐黄金时代是德意志历史留给后人的宝贵遗产，它将先人的愿望一代又一代的，顺着漫长的五线谱，借着一粒粒音符传递下去。打开它，时空挪移；聆听它，喜怒哀乐恍如昨日。如今，每每再听到那些维也纳乐派大师们的经典作品，我们仍如有感当时的喜悦与悲伤。好像时光机一样，它能带我们回到那个战火纷飞，乐才辈出的时代。我们可能很难分辨每一位演奏家的风格，却能从每一首名曲中读到与自己有共鸣的某种情绪。

很多年以前，我们迫于考试压力背诵古诗古文。那时百

贝多芬（1770—1827）

思不得其解——如今没人这么说话，为什么我们要背这些老掉牙的东西？然而，走出校园毕业那天，春光明媚，能让人感叹生命之美的并非只有一句"春天真美"，而是"桃之夭夭，灼灼其华"，这就是文化的传承与共鸣感。

同样，也许我们未曾想过离开祖国半步，也不了解欧洲历史，为什么要听贝多芬、莫扎特？德意志古典器乐已经让古典音乐从神话变成了普通人能听懂的艺术，它不需要你懂得德国历史文化，也不需要知道快板慢板究竟是什么……但是它们却能在风雨交加的绝望寒夜伸出救命稻草：

你也可以扼住命运的咽喉！

莱比锡的秘密角落：舒曼的咖啡厅、巴赫的玫瑰园、歌德的地下酒窖

在去莱比锡之前，想象里这座城市是灰色的。是教堂的冰冷，是战火后的硝烟，是学生运动高举的标牌，是那一张张年轻而严肃的脸。

离开莱比锡之后，怎么也想不起这座城市的色彩。抵达的时候正是清晨，城市尚未苏醒，晨雾氤氲里它也许是青色的；午后登上莱比锡战役纪念塔，过度曝光的城市笼罩在蓊郁之间；下午坐在咖啡馆的伞下，汗津津的，这座明亮的城市凝结成了细长的一缕咖啡渍，挂在瓷杯上；天黑之前穿过教堂，夕阳正好躲在钟楼后面，教堂投下恢宏的阴影，在金色的平面世界里直指远方。

每每回忆起来，这一组组剪影依然清晰，仿佛留下了一枚小小的门钥匙给我们——但凡想起，便总能回得去。在莱比锡，这座充满情怀的城市里散落着一些秘密角落，轻叩门

环，时光隧道轰开，光阴倒流两百年。

在莱比锡市中心的 Kleine Fleischergasse 街上，阿拉伯咖啡树咖啡厅（Zum Arabischen Coffe Baum）已经经营了近三百年。据考证，这里是除了巴黎的 Le Procope 之外欧洲最古老的咖啡店了。在这三百年间，莱比锡作为德意志地区的文化重镇，也见证了无数艺术精英来来往往，许多人在这里留下了自己的名字，其中，罗伯特·舒曼（Robert Alexander Schumann）可谓这家百年老店最忠实的顾客。1834 年，由舒曼主编的《新音乐报》诞生在这间咖啡厅里，这份充满文艺气息的报纸为浪漫主义音乐唱出了最浪漫的第一调。

1828 年，18 岁的舒曼到莱比锡学习法律。他热爱音乐，却迫于家庭的压力不得不学习枯燥死板的法律条文。远离家乡的舒曼终于获得了自由与解放，拿着莱比锡大学的录取通知，可几乎一堂课也没去上过——这三年，他光顾着搞音乐创作，完全把读书毕业这回事丢在脑后了。也就是在这一年，舒曼认识了克拉拉，那个远近闻名的音乐神童。

第一次见克拉拉时，小女孩才 9 岁。他不觉得她漂亮，也并不觉得她弹得好，舒曼后来还揶揄过克拉拉说，小时候她简直像个机器娃娃一样弹钢琴，谁知后来弹得那样好。克拉拉毫不客气回击："那是因为你根本不会弹钢琴！"的确，舒曼的钢琴弹得并不好，但克拉拉也心知肚明，舒曼是如此天才的作曲家，他必将以此为业，燃烧一生。

克拉拉的父亲弗列德·维克，是莱比锡最著名的音乐教师，也非常欣赏舒曼的才华。于是在舒曼从莱比锡大学结业之后收他为徒，专门教授作曲和钢琴。惊叹于舒曼的资质，维克干脆邀请舒曼住在自己家，视为己出，希望自己能有幸托起一颗乐坛的新星。和克拉拉有了更多的相处时间，舒曼一面折服于克拉拉天才的演奏，另一方面又可怜小女孩没有童年。她一直在奔波演奏，生活就剩下了练习练习再练习。为了安慰小妹妹，舒曼写了一些俏皮的曲子给克拉拉解闷儿，带她去那间咖啡厅为她点一杯茶，教她读书写字，为她朗读故事，在小女孩累了一天睡倒在钢琴椅上的时候，他给她盖好被子，又等她醒来。

生于音乐之家的克拉拉因有一位严厉的父亲而名声大噪，却也同样因有这样一位父亲而丧失了自由。原本应在花园里捉迷藏的年纪，克拉拉全用来练习钢琴，有时她甚至说不上对这乐器是爱还是恨。也正是舒曼的出现，给克拉拉灰色的童年带来了温暖的阳光。舒曼浪漫，热情，聪慧，感性。他如这个世界的疾风暴雨，也如光明雨露，克拉拉的生活变得丰富多彩。那时的莱比锡，对于周游世界而荣光环身的克拉拉来说，是家一般的港湾。她越来越美，也越来越出名；她旅行世界，见识卓越，再不是那个围着舒曼吵着要听故事的小女孩了。她稳重，端庄，内敛，作为当时最优秀的女钢琴家，克拉拉已成为德意志音乐节的焦点。虽然追求者众多，克拉拉却只爱舒曼。也许在她尚未懂得什么是"爱"以前，就已经爱上了舒曼。9岁那年，克拉拉已认定舒曼是她的家人，是那个拯救她于神童光环下的大哥哥，是那个诙谐温柔的作曲家。这一切场景都如实记录于舒曼写给克拉拉的钢琴套曲《童年情景》。那不是一首童话，而是一首情诗。舒曼将童年的克拉拉珍藏在内心里最柔软的一块地方，为她遮风挡雨，呵护着那颗好奇而美好的童心。

这一下简直要气坏老维克。自己的爱徒和自己一手培养起来的天才女儿竟然要结婚！这两个人明明可以嫁娶更好的人家！女儿可以嫁入贵族家，舒曼明明可以驰骋沙龙秀场，多少贵妇侯爵想请他们做宾客呢！老维克说什么也不同意，年轻人就联合起来反抗，甚至闹成要私奔，最后老维克一气之下干脆将女儿和徒弟逐出家门，脸一耷拉心一横，再也不要往来了！

1840年，舒曼和克拉拉在莱比锡结为连理。

婚后两人贫穷，虽然克拉拉不停地环游演奏，却依然入不敷出。面对柴米油盐的寻常日子，音乐天才夫妇也有斗气吵架的时候，还要门德尔松前来调停。然而，对于这对心绪相知的夫妇而言，没有什么比在舒曼一直心仪的咖啡馆会友畅谈更令人愉快的了。在许多个晴朗的午后，舒曼带着新写的音乐评论和谱子前往咖啡厅，喝上一杯香醇的咖啡，克拉拉在一旁抱着刚刚出世的孩子轻轻吟唱，或给女儿擦去嘴角的奶油，舒曼扭过头笑着看向她们，这是他一生的挚爱，音乐，克拉拉，这个家。

坐在这一间咖啡厅，两百年的岁月仿佛稍纵即逝，时光并没有在这里留下过多的痕迹。艳阳夏日，在这里寻得一个座位，听屋内嘈杂，或笑语连连，或婴儿牙牙学语。仿佛只要推门进到里间，正能看到舒曼一家欢声笑语，与门德尔松，勃拉姆斯畅谈浪漫主义音乐的明天。

舒曼充满激情与幻想的一生可以说是浪漫主义最佳的注释。他的爱与理想，才华与现实，青春与热血贯穿了整个生命，让这位 19 世纪的作曲家丰富的一生犹如烈火般燃烧。对于舒曼来说，克拉拉是他的灵感之源，是他的缪斯女神，是他所有作品的灵魂。而浪漫了一辈子的舒曼终于在 1854 年遁入永恒的浪漫——他的精神世界崩塌，在恐惧和狂喜中，舒曼告别了这个世界的美好与眷恋，在疯癫中步入他所追求一生的音乐殿堂。他身后，是绝望无助的克拉拉和惊慌失措的孩子们。

而这一次，舒曼没有回头。

坐在咖啡厅的我们别过头。时空的魔法已经失效，桌上

260

留下几只空了的咖啡杯，舒曼一家已经离去。

穿过市政厅广场，就能看到圣托马斯教堂。那是巴赫为之奉献一生并安享永眠的地方。

1685年，约翰·塞巴斯蒂安·巴赫出生在图林根州爱森纳赫的音乐世家。他的一生仕途平坦，没有什么大风大浪，性格沉稳的巴赫也不如浪漫主义晚辈有着轰轰烈烈的回忆。从专业学校毕业以后，巴赫在魏玛的一个教堂担任乐师，出名之后又在魏玛宫廷担任管风琴师。此时巴赫已经名声在外，不少人慕名而来，专为听巴赫一曲。受利奥波德亲王的邀请，巴赫到科滕任宫廷乐章，完成了大部分键盘名曲。巴赫最后的27年就停留在莱比锡，担任圣托马斯教堂的教会乐长，并于此修订了哥德堡变奏曲，并完成了《音乐的奉献》、《赋格的艺术》等传世作品。1750年，受白内障和肺炎折磨许久的巴赫与世长辞一个世纪之后，被移葬在了他为之倾尽才华的圣托马斯大教堂。

巴赫一家原来居住在圣托马斯大教堂的校舍内，对面住着商人伯瑟（Bose）一家。1902年，伯瑟家将这幢与巴赫家有着共同记忆的房子捐出，作为巴赫博物馆。里面陈列着繁荣而贤者辈出的巴赫家族谱系，以及巴赫生前用过的一些物件和乐谱手稿。转回到一层，参观完展览之后，巴赫的胸像背后是一方小小的坟塊园。坐在这里，不远处圣托马斯教堂的钟楼尖顶隐约可见，其他房屋的围墙将这方小天地围成了天井，不用暴晒，且有音乐与花香，惬意十足。

坐在一侧的木椅上，回忆方才浏览过巴赫的一生，仿佛并不如想象的精彩。作为音乐史上最著名的作曲家之一，有着西方现代音乐之父之称的巴赫似乎理所应当的叱咤风云。可惜并非如此，巴赫在世的时候鲜有人体会得到其作曲的精妙。巴赫的音乐集成巴洛克音乐风格精华，但由于当时音乐风格正逐渐转向洛可可和古典主义风格，他只能凭自己出色的管风琴演奏技巧找到工作，养家糊口。

巴赫拥有一个庞大的家庭。他和表妹玛利亚结婚生下七个孩子，有四位活到成年。玛利亚去世后，巴赫与歌唱家安娜结婚，生下十三个孩子，有七位活到成年。其中就有后来大名鼎鼎的"汉堡巴赫"卡尔·飞利浦·艾曼努埃尔·巴赫（C.P.E.Bach）和"伦敦巴赫"约翰·克里斯蒂安·巴赫（J.C.Bach）。这两位都是古典乐派的先锋人物，对后来的音乐大师海顿及莫扎特都有很深影响。巴赫这个大家庭里每个孩子都学音乐，十个孩子基本可以组织一支小小的乐团了，也许这正是为什么巴赫的作品总是欢欢乐乐，吵吵闹闹的原因吧？在与巴赫结婚之后，歌唱家安娜退出乐坛，为巴赫的事业和这个热闹的家奉献了毕生精力。她是巴赫的太太，美丽、温柔，勤俭持家；她是孩子们的好妈妈，慈爱、智慧，为孩子们打下了良好的教育基础；她是巴赫的知己和同事，她为巴赫抄写乐谱，乐团要人手一份，那就是二三十份啊！在没有复印机的年代，巴赫的一部鸿篇巨著全要一个音符一个音符的抄下来，这是一份何等磨炼耐心的工作！安娜不声不响地为巴赫抄写了二十年乐谱，直到最后他们的音符笔迹几乎相同，不分你我。没有安娜，巴赫的作品恐怕也很难保留至今吧。

巴赫的大多数经典曲目都写于供职于圣托马斯大教堂时期。夕阳西下，阳光从教堂高悬的窗户投下一缕明媚，将后排的木椅烘得暖融融的。阳光的尽头，是巴赫的墓石。那块巨大的墓碑被镶嵌在地上，从这个位置上正好能看到他曾经演奏过的那架管风琴。阳光抚过那一个个雕刻的字母，巴赫的光辉仿佛跃然而升，在静谧的空间里轰然回响，那一个瞬间里，极尽奢华的精巧运算、错位演奏、调性游离，节拍韵律呼啸而来，巴赫用魔法将自然的规律封印在了那一行行的乐谱里。从古至今，多少音乐名流折服在巴赫精妙的乐曲构思里，那不再是一首单纯的曲子，对于莫扎特、贝多芬而言，那是神迹再现；对于古尔德、朱晓玫而言，那是道法自然。而这一切奇迹，都飞舞在安娜的笔下。在小小的巴赫博物馆里，还珍藏着安娜为巴赫抄写的乐谱，以及巴赫送给安娜的诗歌和乐谱。在那些细细的音符中间，分明看到一位音乐巨匠的温柔与爱情。

那一天，安娜也许正是靠在对面窗栏边上，一面抄写乐谱，一面轻推摇篮，哼唱着哄孩子入睡。阳光洒下来，照在安娜修长的手臂上，落下一幕剪影到木质地板。屋内终于安静片刻，空气中细碎的颗粒随着手下的乐谱舞动起来。从教堂排练归来的巴赫倚在门缘边上静静的看着这一幕，手里捻动着刚从玫瑰园里摘下的玫瑰，爱与音乐，玫瑰与安娜。在多年以后巴赫接受白内障手术后躺在病床上忍受剧痛的时候，眼前浮现出的依然是这个明媚的午后。

此生无憾。

天空着成墨色，华灯初上。莱比锡的夜正悄然降临，它带着俏皮乃至戏谑的笑意，邀你来地下酒屋坐一坐。位于Grimmaische街的奥尔巴赫地下酒窖（Auerbachs Keller）正是歌德著作里浮士德与他的魔鬼仆人梅菲斯特首次现身的地方。

《少年维特之烦恼》让年轻的歌德一举成名。而真正让这位伟大的文学家名垂青史的，却是《浮士德》。这部诗体戏剧耗时惊人，歌德从20多岁就开始写这部书，直到80多岁才写完。对于欧洲的读者而言，浮士德的故事并不算新鲜题材，然而歌德用他对人生的质问与思考为这个耳熟能详的故事勾勒了框架，又用他精美绝伦的文笔为它布置了舞台。读

歌德（1749—1832）

罢《少年维特之烦恼》再读《浮士德》，惊叹于歌德对于世界认识的判若两人。年少时，爱是深爱，悲是痛悲，情感如烈焰，炙热灼人。而老去以后，一切化为神秘而不可知的隐喻，在神与魔鬼的赌注中灰飞烟灭。

歌德将自己在莱比锡时候的经历作为《浮士德》的背景。年少时，他的确常来奥尔巴赫酒窖与同学畅饮。然而受困于法律学科的歌德并不赞成同窗们的野心仕途。他郁闷却无人可说，只得心里默默叫苦，暗暗嘲笑那些高傲自大的学生迟早要吃苦头。于是，在《浮士德》第一部里，太过聪明的浮士德为了追求人生的意义，摆脱孤独，不惜与魔鬼签下契约。主角和魔鬼仆人梅菲斯特先来到了这个歌德熟悉的小酒吧，让梅菲斯特展现魔法，狠狠捉弄了一番不学无术的大学生。借着又偷来女巫的魔药，让浮士德爱上格雷琴，为后面的悲剧爱情故事做了铺垫。在这部充满隐喻的戏剧里，歌德写进作为人的局限，作为人的狂想，又在波澜壮阔与爱恨情仇中，将德国古典主义艺术推向了巅峰时刻。

在奥尔巴赫地下酒窖的一张木台边，点一杯啤酒坐下慢慢喝。酒窖的历史可以追溯到 1438 年，早在歌德将它作为舞台之前已经相当出名，这里是莱比锡重要的集会场所，受到大学生们的欢迎。如今，这里生意兴隆，人来人往，依然有看起来学生模样的年轻人二五成群，聚在一起讨论人生哲学。年轻的面孔在酒精作用下涨红了脸，他们举起叉子，高喊着理想与肉排不可辜负。几杯啤酒下肚，闪烁的蜡烛和喧闹的人群扭曲成了一束飞升的光线。远处，魔鬼问，你莫不是想要寻求永恒的智慧？我带你去找人生的意义。你伸出手，可什么也没有。歌德的画像挂在柱子上，对着你摇摇头，莱比锡如此精彩，你怎么舍得离开？

再起琼楼：康德

俄罗斯文艺理论家戈洛索夫克曾经说，"所有通向哲学之路的人都要经过一座桥，这座桥的名字叫做伊曼纽尔·康德。"

不少新闻机构组织过类似"对德国思想文化最有影响力的人"的投票调查，结果显示，康德的名字总是列居三甲。自康德之后，德国思想汇入西方哲学主流，成为人类文明史上重要的一段篇章。日本哲学家安倍将康德哲学比作一个"蓄水池"，他认为在康德之前的哲学都流向康德，康德之后的哲学又都是从他这里流出。在这方蓄水池成型之前，欧洲思想界众彩纷呈，产生于不同时期、来自不同国家的哲学思想以独特的方式展现出人类对世界与自我的探索与思考。

古希腊哲学家高尔吉亚曾在他的著作《论自然与不存在》中预言，哲学将有三个重要问题：1.世界是什么；2.我们怎么认识世界；3.我们怎么告诉别人如何认识这个世界。这二个问题分别代表了西方哲学的三个重要时期，如果粗略划分，大致可以分成古代希腊柏拉图时期的探究世界本源，近代笛卡尔、休谟给出人类认识的解释，以及现代维特根斯坦和后续哲学家提出语言分析哲学的问题。

在哲学随着宗教从希腊罗马迁移到西欧之后，以笛卡尔为代表的一派哲学家开始着手研究关于人类认识的问题。人类到底如何认识这个世界？笛卡尔、斯宾诺莎认为，感觉不可靠，最可靠的是理性分析，所以他们也被称为"理性主义"，等等。可是中学老师明明说笛卡尔是个唯心主义啊！他说"我思故我在"，这听上去简直就是瞎胡闹！到底哪点儿理性了？

笛卡尔说的"我思故我在"其实并不是字面意义上那么简单，如果翻译成"我怀疑故我在"，可能更好理解一点。关于认识这个世界，笛卡尔首先怀疑道："我存在的世界是真实的吗？"如果世界不存在，那我岂不是也不存在了？为了解决这个问题，笛卡尔用理性来分析推理。他认为，"我"可以怀疑这个世界的一切，但是，"我"不能怀疑"我怀疑"这件事。因为我们一旦怀疑了，"我怀疑"这件事就成立了，而"我"作为"怀疑"这个动作的发出者，也就因为"怀疑"这个念头而存在了，因此，"我思故我在"。

用推导数学公式的方法推导人类认识世界的方式，这就是理性主义的特点之一，这也解释了为什么大多数理性主义哲学家同时也是对数学发展做出了杰出贡献的人。然而，数学真的可以解释世界的一切吗？数学推导中，必须现有"已知"若干，然后条分缕析地按照逻辑推导。那么这些"已知"到底是怎么"知"的？理性派无法回答这些问题，只能听凭洛克、休谟等经验主义派哲学家发难。

来自英国的哲学家洛克说，你们理性派哲学家那些"已知"都是在不断实验的基础上得出来的。我们看天空一万次是蓝的，就觉得它是蓝色的，那是不是真是蓝色？洛克认为，人生就是一张白纸，你体验过什么，经历过什么，最后就构成了你对世界的认识。在理性派和经验派旷日持久的论战中，来自爱丁堡的哲学家休谟说，大家不要吵，也许人认识这个世界有两种途经，一个是通过推理，一个是通过经验。眼看第二个哲学问题就要完美解决，两家皆大欢喜，这个时候休谟却说，可是科学规律和经验貌似都没有什么用……为什么呢？休谟认为，科学的要义是寻找规律，可是规律属于推理吗？没有见过树上掉东西，怎么能推理苹果一定会掉下来？那规律属于经验吗？地球上的苹果会掉在地上，没上过月球，怎么敢说月球的苹果也会掉在地上？那既然科学规律不属于任何一种认识方式，要科学也没用了吧。科学没有意义，那么哲学呢？反正在休谟的世界里太阳明天可能不从东边升起，世界明天说不定就颠倒黑白，所有的事情都是无关的偶然事件，还探求什么人生意义？说到底，你我不过是偶然在这个时刻存在着罢了。所以……要哲学也没用了吧！

理性派和经验派原本指着休谟解开人类认识之谜，结果没想到他却差点成了哲学终结者，西方哲学和科学眼看就要在休谟手里毁于一旦，幸而天无绝哲学之路，山重水复疑无路，柳暗花明又一村。戈洛索夫克所说的那座必经之桥——伊曼纽尔·康德终于现身了，他以救世主的姿态姗姗来迟。

海涅曾在《德国宗教及哲学史概观》中这样概括康德的一生："书写康德传记是困难的。为什么呢？因为他没有生活，没有事件。他在柯尼斯堡幽静偏僻的小路上，度过了机械的规定差不多是抽象的独身生活。这个人的生活，和他那破坏的，粉碎世界的思想，是多么奇妙的对照！"

1724年4月22日，康德出生在普鲁士城市柯尼斯堡，13岁母亲去世，16岁考入大学，22岁父亲去世，没有了经济来源，康德只得辍学去当家庭教师，养活弟弟妹妹。终于等弟妹们长大离家，康德终于可以回到大学完成学业，而这时他已经32岁了。虽然很早就通过了论文答辩，但因为没有教职，康德一直熬到46岁才获得教授资格。康德时代的教授和我们现在差不多，每年都要求发表一定的文章和研究成果证明自己的学术实力。可是在康德当上教授之后的11年里，

康德（1724—1804）

竟然没发表过一个字，这让聘用他的柯尼斯堡大学感到异常尴尬，不知康德到底是没有专心治学还是在闷声憋大招，只得默默等待。等到老院长都退休了，普鲁士都统一德国了，康德也终于开始写作了。短短几个月之内，康德就完成了他的救世之作《纯粹理性批判》，改写了整个西方哲学史。比起笛卡尔、洛克等哲学家的治学生涯，康德算得上是大器晚成。

这本书之所以被称为西方哲学的"救世之作"，是因为它将休谟推倒的哲学大厦重新建立起来。《纯粹理性批判》调和了理性主义和经验主义的争论，成功解决了关于人类认识世界的难题。

那么什么是"纯粹理性批判"（Kritik der reinen Vernunft）呢？刚才说过，在康德之前的西方哲学分为欧洲大陆理性派和英国经验派两大阵营，康德是普鲁士人，也算是大陆理性派的一员，所以在康德的语境里那些通过经验和感性得到的东西都是"不纯粹的"。于是，所谓的"纯粹理性"就等同于清除了一切感性经验而获得的知识，也就是康德而所谓的"先验性知识"。那么什么是"理性"呢？在康德的著作中，这个词比较有争议，康德并没有给出明确的定义，但结合文章内容，可以理解为"一般性的认识能力的先天根源"。最后是"批判"，在德文中 Kritik 并没有明显的否定含义，多数情况下是"分析、评论"的意思。于是综合起来看，纯粹理性

274

批判即——用康德原话说是："对理解世界的可能性与不可能性进行裁决，对它的根源、范围和界限加以规定"。由于康德的作品非常晦涩难懂，后世哲学家要花不少工夫帮他把话说圆……不过就算没有读过原著，我们至少可以简单了解一下康德到底是如何重建这座哲学大厦的。

既然休谟将经验和理性都推翻了，康德看着一堆瓦砾灵机一动，说，我们把主客观世界颠倒过来不就好了吗？这听起来也很疯狂，但康德自有一套解释。

在康德哲学中，人类永远无法认识到世界的真相。我们能感受到的世界，都是通过加工之后被我们认识的。也就是说，我们只能认识我们可以加工的那部分世界，而不能被加工的，就永远也认识不到了。这就好像我们出生时已经戴上了一副有色眼镜，通过这个眼镜看到的世界就是镜片的色彩，这个镜片就是我们加工的办法，但是我们自己却不知道有这样东西存在，还以为世界的本源就是这样的。由于不知道镜片的存在，也无法摘除这副眼镜，那世界究竟是什么颜色的我们永远也不知道，这也就是康德所说的"自物体不可知"。在他看来，我们认识的这个世界这是一种表象，是已经被人类扭曲过的，但是由于每个人戴的眼镜颜色都相同，扭曲这个世界的方式（先天认识的形式）也就相同，所以这个世界不与我们的经验相矛盾，但这绝不是世界本来的样子。

这样一来，休谟的论点就被推翻了。人类的认识的确有两种，有先验的知识，也有后天的经验，但由于世界本来的样子不可知，人类只能认识我们所能认识的世界。这也就是说，认识不再由认识的对象和途经决定，反而是认识的对象和途径由我们的认识能力决定。这一论点类似于哥白尼当时提出日心说，康德在这场革命中提出的核心思想是"人为自然界立法"，不要认识符合对象，而是对象产生于认识能力的基础上。康德比哥白尼更进一步，因为对象是产生于认识能力之上，那么上帝创世这类事情自然也是人类编造出来的了，康德直接否认了上帝的存在，也无怪乎海涅写道"康德啊康德，你这惨无人道的无神论者。你用无情的智慧把上帝、天使赶尽杀绝，尸骨堆山。自此以后，在苦难中的人们无处诉苦，无处求援"。然而也许正是这"纯粹的理性"与"苛刻的批判"，才拉开了欧洲再次觉醒的序幕。康德之后，西方哲学枯木逢春，在统一不久的德意志结出丰硕的果实。黑格尔、费尔巴哈、叔本华、尼采、马克思、海德格尔、汉娜·阿伦特等德系哲学家一次又一次的改写了人类思想史乃至世界文明史。在康德的光辉下，德意志文明终于迎来群星闪耀的荣耀巅峰。

在康德的墓碑前刻着他写在《实践理性批判》中的一段话："有两种东西，我对它们的思考越是深沉和持久，它们在我心灵中唤起的惊奇和敬畏就会日新月异，不断增长。这就是我头顶上的星空和心中的道德定律。"记得在刘慈欣的短篇小说《朝闻道》中有这样一个片段，宇宙排险者对理论物理学家说"当生命仰望星空的时间超过预警阀值，那么离这类文明解开宇宙奥秘也就只有一步之遥了。"虽然宇宙的奥秘在康德的哲学世界中永远不可知，但他无疑是那个抬头仰望星空的先行者，德国古典主义哲学的智慧与遗产仍然光芒万丈，在人类文明的夜空中璀璨夺目。

贤者的黄昏：瓦格纳与费尔巴哈、叔本华、尼采

这个世界的终极浪漫，远非童话里的爱情所能想象。

拥有"梦幻城堡"之称的新天鹅堡，集齐了号称世界上最浪漫的元素。圣洁的白色墙体，金碧辉煌的壁画装潢，古色古香的天鹅雕花，以及主人路德维希二世一身戎装的巨幅挂像。在华特·迪士尼的乐园里，这是公主在王子的亲吻下醒来的地方，这是大同世界，是真善美的童话梦境。春日繁花，炎夏烈阳，秋季晴空，冬雪素装，无论何时来到巴伐利亚，前来新天鹅堡一睹梦幻城堡的游客络绎不绝。这里见证过太多的爱情与承诺，友谊与亲情，然而这座城堡却和王子公主的浪漫，阖家团圆的幸福都不相关，它是路德维希二世献给作曲家理查德·瓦格纳的终极幻想。

作个才人真绝代，可怜薄命作君王。路德维希二世热爱音乐与自然，却苦于生在帝王家，生来便被无情的命运锁住

了手脚。继承王位之后，他一直试图逃避现实，晨昏颠倒，行踪不定，大臣很难找到他，年轻的国王也根本无心治国。他太孤单，孤单到只能缩回到一只蛋壳里躲避这个世界。对于路德维希二世而言，瓦格纳的歌剧就是保护他远离这个凶恶世界的铠甲。于是，新天鹅堡里的壁画全部以瓦格纳歌剧为背景而绘制，没有慈悲宗教，没有希腊神话，没有列祖列宗威严的巨幅画像……在这座城堡里，路德维希二世是瓦格纳笔下自由自在、伸张正义的天鹅骑士。他写过很多信给瓦格纳，捐了很多钱为他建剧院，为作曲家捧了很多次场："能在有生之年遇到您，是我毕生的幸运。"直到生命的尽头，路德维希二世依然相信自己是瓦格纳剧里的角色，他选择在湖水中死去，如同午夜的天鹅一样坠入永眠。

瓦格纳一生遇到很多人，经历很多事。他的作品集莫扎特、贝多芬古典音乐之大成，又影响了如理查德·施特劳斯等诸多音乐大师、文人雅士，路德维希二世并不是他唯一的粉丝。法国调香师 Serge Lutens 以瓦格纳《尼伯龙根的指环》第一日《女武神》为灵感，创作了一支独特的玫瑰香 La Fille de Berlin（柏林少女），胡椒的辛辣和玫瑰的蛊惑将午夜带刺的花朵完美再现；英国作家 J.R.R. 托尔金也以《尼伯龙根的指环》为灵感来源，创作了《魔戒》系列，堪称传奇……直到今天，瓦格纳仍然是无数艺术家智慧的源泉。而对于他来

瓦格纳（1813—1883）

说，能列入"有生之年"系列的，则是三位哲学家。

瓦格纳早慧。在他还是个14岁少年的时候就已经如天启一般立志为音乐创作奉献一生；19岁时，他可以模仿贝多芬的风格谱曲，并于同年创作了人生第一部完整的歌剧；20岁出头，瓦格纳已经是马格德堡和格尼斯堡的指挥，来往俄国与萨克森王国之间巡回演出。他很早就结了婚，但是娶错了人。第一任太太是个漂亮的女演员，最大的爱好就是购物与沙龙，结果瓦格纳债台高筑入不敷出，拖家带口逃往伦敦，风头过了之后回到德累斯顿，此时他遇到了生命里的第一个贵人——路德维希·费尔巴哈。

学者对自己的专业一般都拥有比较特殊的感情。要么是干一行爱一行，要么是爱之深，恨之切。费尔巴哈显然属于后者，他原本是海德堡大学神学科班出身，结果却成了哲学史上最著名的反基督教主义者之一。弃神从哲之后，费尔巴哈跑到柏林拜黑格尔为师，和马克思、恩格斯成为好友，一同钻研唯物论与辩证法。费尔巴哈学成之后不久便发表了著作《论死与不朽》和《论哲学与基督教》，力挺斯宾诺莎，其核心论点是"人固有一死，但死了就是死了，根本没有不朽或者天堂"。费尔巴哈认为，宗教不过是对不可知的事物的某种解读方式，所谓上帝，也只不过是人类的内在本性的外向投影罢了。归根结底一句话，基督教就是封建迷信，求佛拜神不如靠自己。

费尔巴哈的言论太过激进，对于19世纪初期的德意志保守朴实的老百姓来说实在难以接受，所以他的求职之路一直不太顺利，没有一所普通学校愿意给他教职。然而在法国大革命之后，欧洲各地革命呼声水涨船高，反宗教的哲学观很符合革命党人的政见，他经常被革命派当做精神导师。而此时年轻气盛的瓦格纳正与友人一同策划德累斯顿的起义运动，费尔巴哈的著作《基督教的本质》如醍醐灌顶——自然之力伟大非凡，并非神创造了万物，而是我们创造了神。瓦格纳捧着这本小册子几乎激动得流泪，他感到自己在这灰色的世界里终于找到了生命的价值。

虽然政治运动并不成功，剧作家却没有沮丧。费尔巴哈的哲学在瓦格纳的生活里熠熠闪光，有如灯塔指路。德累斯顿起义失败后，瓦格纳流亡海外，在瑞士的前两年里他写下《未来艺术作品》和《戏剧与话剧》，费尔巴哈的名字出现在这两部著作的致谢词中。费氏哲学对瓦格纳的影响深远，在传世巨作《尼伯龙根的指环》中，瓦格纳选择以北欧神话为背景，将诸神赋予人类的悲欢离合与生老病死，观剧亦如观己。无论是神话题材还是市井小事，瓦格纳的歌剧将诗歌与音乐结合，让咏唱和交响错落，突出人性。他试图从人的角度去解读整个世界，从不去哭诉命运的不公或恳求神的恩赐，如此说来，或许国际歌的灵感也离不开瓦格纳的作品：从来就没有什么救世主，全靠我们自己。

1854 年，瓦格纳开始创作《尼伯龙根的指环》第一日《女武神》的时候邂逅了亚瑟·叔本华的著作《作为意志与表象的世界》。如果说费尔巴哈给了瓦格纳存在的尊严，那么叔本华赋予瓦格纳创作的意义。

托马斯·曼说，"没有读过叔本华的瓦格纳，就不是瓦格纳了。"

已经 41 岁的瓦格纳像个孩子一样对这本书爱不释手，他翻来覆去的读这一本，直到书页掉了也不肯罢手。而这一年，叔本华已经 66 岁，离他人生的日落将不足 6 年。

叔本华是个名正言顺的富二代。父辈祖上是商场大亨，财大气粗，叔本华的母亲比父亲小了 20 多岁，是个貌美如花的名门闺秀，17 岁的时候父亲去世，对于年轻貌美还富有的寡妇来说，小叔本华无异于一枚拖油瓶，没人疼没人爱，过着奢侈却孤独的生活。按照霸道总裁的套路设定，如此背景出身的叔本华注定是要成大事的。果然，不负众望，叔本华 30 岁的时候果然干了一件惊天动地的大事——跑到柏林去和黑格尔开战。那时候黑格尔已经 50 多岁了，号称康德后的哲学终结者，桃李满天下，名震四海。反观叔本华呢？ 25 岁倒是写完人生第 本哲学著作《充足理由律的四重根》，叮惜根本没人看得懂。也是，这名字都读不顺的作品怎么会有人愿意买？叔本华的母亲连看都没看就回信给叔本华说，这书不是给正常人写的，你自己不如烧了取暖吧。作品无人能懂，每个作者都知道这是怎样的寂寞，可想叔本华当时的辛酸了。没人看也要继续写，反正有钱有闲，五年之后他写完了传世著作《作为意志与表象的世界》。

叔本华觉得这本书写得真是太好了，自己马上要流芳百世了，激动得好几个晚上睡不着觉，但还要在出版商和朋友面前表现出绅士的平静。失眠了好久终于熬不住了，叔本华决定去意大利度假，他觉得等他回德国的时候一定成了红人。可惜，这本书也没人看得懂，周游意大利回来之后发现书没卖出去，失眠也没治好，叔本华更抑郁了。积极治疗抑郁症的方法就是有个念想儿。有念想儿就有精神动力，有动力就有奔头儿，整个人就不抑郁了。富二代叔本华想到的办法就是去柏林买了个教职，坐在黑格尔的教室对面天天跟他对着干。

叔本华不喜欢黑格尔，他觉得黑格尔说的那堆阳春白雪的辩证法根本解释不了悲苦的人生。什么内部矛盾，什么绝对精神，叔本华说，人生根本就是由"生命意志"支配的，生命意志说白了就是"欲望"。简单粗暴地说，叔本华认为，人为了活着而活着。活着就有求生欲，有欲望才能活下去，欲望满足了活着就没劲儿了，而满足不了欲望就会痛苦，所以人的内设就是拥有永远无法满足的欲望，于是人生则在永远无法满足欲望的痛苦中挣扎。

这可太糟了，活着就是为了受苦，那干脆死掉算了。叔本华又说了，请看《作为意志与表象的世界》，肉体只是表象而已，生命意志的规律是无法消灭的，所以自杀也无法消除痛苦的根源。叔本华的哲学太绝望了，简直就是求生不能求死不得，怪不得他前两本书都没人买。读到这儿为止，实在是自己折磨自己，不过叔本华给有耐心读完的人留了一剂解药。

既然欲望无法满足，有欲望就有痛苦，那我们将欲望降到最低的程度，痛苦程度也会相应降低了。如何减少欲望呢？叔本华说，无我。具体来说，就是忘掉自己的这具充满欲望的肉体，把精神层次上升到全人类全宇宙的境界上，自其不变者而观之，则物与我皆无尽也，何欲之有？叔本华的解药一下开到了东方，具体操作方法也颇有佛教特色——禁欲。不要吃太多，不要谈恋爱，满足得越多痛苦越多，不想这些事儿就不会痛苦了。那么怎么禁欲忘我呢？叔本华说，欣赏艺术嘛。

在诸多艺术当中，叔本华最看好音乐的价值。他认为好的音乐可以让人超脱世俗，进入无我的状态。想来叔本华的藏书中可能有《论语》，《述而》里记载，孔子在齐闻韶，三

月不知肉味，缓过神儿来之后啧啧称赞：没想到这曲子这么好听啊！（不图为乐之至于斯也）

　　叔本华的哲学观太走极端，在当时的确不受欢迎。再版的《作为意志与表象的世界》只卖出去了三百本，而其中一本就到了瓦格纳的手里。读罢这本书之后，瓦格纳终于顿悟了音乐对于人类的意义，作为作曲家的他认为自己肩上担负着拯救人类于痛苦的重任。在孤寂无助的夜晚，是叔本华的作品拯救了他，在瓦格纳看来，这是人生唯一的解脱方式。终于，在《尼伯龙根的指环》的创作进入瓶颈期十多年之后，瓦格纳终于重新提笔创作，将这部史诗巨著完成于诸神的黄昏中，在绝望与战火的诅咒中归于平静。为了对哲学家表达敬仰之情，瓦格纳在1854年的圣诞节怀着激动的心情给叔本华写了一封长信，极尽赞美之词写道："因为您的启发，我才能继续完成《尼伯龙根的指环》剧本，我要将这出歌剧献给天才的您，希望您能喜欢！剧本复本以附件形式发送，请您查收！"然而瓦格纳实在太激动了，他完全忘记把剧本复本塞进信封，直接就把信件寄了出去。叔本华收到之后，左等右等也等不来瓦格纳所说的"献给天才的他的伟大歌剧"，竟以为瓦格纳在耍他，于是根本没有回复过这封信。眼巴巴等着叔本华回信的瓦格纳望眼欲穿，直到1860年传来哲学家去世的消息，作曲家还只当是叔本华高冷而自己道行太低，痛下决心努力修炼要写出传世作品，丝毫没意识到自己忘发附件这回事……

对叔本华怀着同样敬仰之情的还有年轻的尼采。

遇到叔本华那本著名的小册子的时候，尼采只有21岁。读罢之后，小伙子一直将叔本华当做人生导师来崇拜，模仿叔本华禁欲无我的生活方式不说，还把叔本华的画像摆在床头敬若神明，每天检讨自己有没有好好管理自己的欲望。可惜尼采生得太晚，等他功成名就能进入上流社会与哲学大贤们平起平坐的时候，叔本华已经从痛苦的肉体中解脱了。

不过还好有瓦格纳。两人背景类似，尼采也出身萨克森王国，在莱比锡读过书。作为同乡校友，崇拜的还是同一个偶像，尼采和瓦格纳的关系也非常密切。尼采热爱音乐，他对瓦格纳的崇拜并不亚于对叔本华的那份狂热。他们相差了二十多岁，但他们之间的这段友谊却对尼采而言至关重要。在遇到瓦格纳时，尼采也不过才24岁，然而少年天才无论何时都会发光，瓦格纳极其重视尼采的天赋，并频繁请他来家里做客，共度圣诞，一同弹琴作曲。尼采对瓦格纳也是掏心掏肺，据说还跑腿帮作曲家买过真丝睡衣；也有说尼采追求过瓦格纳的第二任太太，但对方没有理睬。

尼采与瓦格纳的友谊持续了8年，正史记载，两人因哲学理念有分歧而分道扬镳。尼采的哲学比较分散，他并没有一整套、完整的解释世界的方法。尼采的哲学有微博体之嫌，基本都是断言式的句子，但并不妨碍人们理解他的天才。尼采哲学主要是用于解释道德的。他认为，道德分为弱者道德和强者道德。弱者道德强调同情与慈悲，是驯化奴役的道德，即通过将有钱人的财富分给穷人而达到社会平等。尼采说，慈悲没有错，但是道德绑架，强制弱者道德就是伪善了。而强者道德则是鼓励人们创新自立，做人上人，来实现权力意志。在这个概念基础上，尼采提出了"超人"的概念，即能够超越弱者道德，实现强者道德的人，也就是所谓的精英道德。这个观点后来在尼采生病之后被他妹妹伊丽莎白篡改，后被纳粹断章取义的用在种族学说中。而尼采本人是非常反对非此即彼的二元论的，他认为世界是流动的，不存在绝对真理与错误，也自然没有绝对的道德精英。这只是生而为人权力意志的体现形式罢了。

可惜尼采永远也不会知道后人如何利用了他的哲学作恶，也不会听到误解了他的人如何讥笑他的痴狂。1889 年，尼采疯了。但他的哲学并没有疯。

有人说尼采的发疯是因为孤独抑郁，也有人说因为他自幼体弱，身体早已支撑不住。从诸多史料看来，有学者说尼采恐怕是因梅毒发作，而引发了一系列不正常的举动，以至于与瓦格纳绝交，与叔本华的哲学断交。

尼采（1844—1900）和他的母亲

与挚友断交，与爱人分离，受疾病困扰，尼采的哲学也不为人所接受……有时想来，疯了的尼采可能反而更幸福一些。他不知道妹妹篡改了他的哲学，也不知道自己被乔装打扮成预言者的模样，他要高喊着上帝死了，我是太阳，仿佛才有行为艺术家的气质。一生孤独的尼采在真的失去自我后解脱了，他解脱于叔本华哲学中那个忘我的世界，也解脱在瓦格纳歌剧中金色的莱茵河畔。

19世纪的德意志，贤者辈出。费尔巴哈与叔本华的哲学在瓦格纳的歌剧中获得了永生和不朽。人的肉体会逝去，而生命意志却永存。人与神从来没有共生过，生而为人的价值即创造与超越。生命虽然痛苦，无论是规避还面对，人都是命运的主人。这四位哲学、音乐才子在19世纪的欧洲璀璨生辉，他们的智慧为德意志文明添上了闪亮的一笔。

然而，在尼采耀眼的光芒陨落在地平线时，诸神的黄昏降临，战火在不远处烧起。那是德意志历史必须面临的炼狱征途。

爱这个世界：汉娜·阿伦特

在位于柏林市中心的犹太人大屠杀纪念碑群西侧有一条街道以汉娜·阿伦特之名命名。捧着 GPS 或地图的游人来来往往，人们驻足看看那块铭牌，确定方位，快步走向勃兰登堡门和国会大厦。也许对于游人而言，那些雄伟的建筑才是参观德国首都的目标之所在。它们贴着各种各样的标签，纪念着不同时期的历史，在这片饱经风霜的土地上，每一块泥土都是人间悲喜剧的见证者，何必要为一条街道停留？那块铭牌孤零零地立着，背后是高低起伏 2711 块巨石砖，每一道纵横交界都将天空和大地分割成了十字架，阳光下寂静无声。

好像是一则微妙的隐喻。汉娜·阿伦特在德国的历史上也正如指向标一般，指向过去，又拷问着如今。如同一幢幢建筑物勾勒起整座城市的风貌，单独的历史事件也都塑造了历史如今的模样。每每回顾德国历史，都必定要经过汉娜·阿伦特这一块路牌。在她背后，是温暖的哲学与对罪恶的思考，沿着这一条路直走下去，愿你带着勇气、感恩与忠诚，去探索过去和未来。

汉娜·阿伦特出生在欧洲的"黄金时代"，经过了统一战争之后的德意志进入了繁荣和平的岁月。德国为统一而预备的教育改革发挥了作用，20世纪初期，德国在生物、物理、艺术、哲学等诸多方面取得了傲人的成就，那个充满古典底蕴与蓬勃生命的德意志似乎正在午夜来临前极尽绽放自己的美丽。1906年10月，汉娜·阿伦特诞生在汉诺威的一户犹太家庭。由于父亲身患重病，汉娜刚出生不久就和父母迁回柯尼斯堡，与父亲的大家庭住在一起，以便得到更好的照顾。母亲忙于照顾父亲，小汉娜只好交给祖父和保姆照顾。也就是在祖父的影响下，小小的她第一次接触到犹太教堂以及自己的宗教。被祖父祖母带大的孩子总有本领将祖父母辈的知识转接到这个日新月异的世界里来，仿佛架起一道横跨三代的桥梁，他们记忆中的烙印总要追溯到"很久很久以前"。对于早慧的女孩阿伦特而言，这道桥的彼端是从祖父身上继承下了老一辈欧洲犹太人的情怀。1913年，祖父与父亲相继去世，汉娜在葬礼上异常平静，母亲紧紧地搂着她哭泣，而她却伸出小手捋过母亲的长发，"妈妈，不要哭了，这不是谁都能经历的事呢。"不知那时的汉娜是否知道，祖父与父亲是幸运的，他们毕竟先这个文明世界一步而去；而小小的她却要经历无数次生死离别，直到被迫离开这一片养育了她的土地。

对爱与知识的追求驱使汉娜离开柯尼斯堡，前往马堡拜师海德格尔求学。汉娜是听朋友提起这位当时还并不出名的讲师，他讲课充满激情，能将枯燥无味的内容讲得让人聚精会神。1924年，汉娜·阿伦特来到历史名城马堡，成为哲学专业的一名学生。海德格尔在初见汉娜时，只是一名离经叛道的哲学讲师，他毕业于弗莱堡大学，师从胡塞尔，1923年开始在马堡任教。

海德格尔的魅力不仅仅在于他穿衣品位、长相英俊，最让人折服的是海德格尔的思想本身。他想要重新发现干预、把握和改变个体生命的哲学。这样，在将每一个个体作为珍视对象的时候，久远的亚里士多德和柏拉图也就不再是一个个书本上的雕塑，他们真的在每一个人的生命里复活了，他们的思想对当下的时间也具有了无比重要的意义。当时太多学生陶醉在海德格尔的讲台下，当然也包括年轻的汉娜。与众不同的汉娜一下吸引了海德格尔的注意力，他虽然已经有了自己的家庭，可却没有一人在哲学上能够真正理解他。对于海德格尔来说，他追求的是哲学与孤独，孤独是他思考的介质，而汉娜则是他最理解他哲学的人。这对恋人仿佛两颗相互环绕的星球，他们总以为彼此的碰撞能闪现火花，可长时间之后汉娜终于发现，海德格尔爱的是她对他哲学的理解，除此之外，他什么也不爱。然而，在一次又一次的逃离之后，汉娜始无法摆脱海德格尔的智慧与阴影。时而她下定决心再也不要联系，然而他的一封信就可以改变她整个旅行计划。她跑去弗莱堡，又到海德堡求学，可只要在哲学这条路上，处处都是海德格尔的影子。最让汉娜伤心的是，在她一次又一次徘徊在喜悦与绝望边缘时，海德格尔主动切断了这一切联系。他要保护自己的家庭，他劝汉娜去海德堡师从雅斯贝尔斯学习。这段青春苦涩的恋情几乎纠缠了汉娜·阿伦特整整一生。她说，从那时起她才意识到，她只能在爱里生存。哪怕是苦恼，泪水，后悔，她也要勇敢地去爱。

1928 年，22 岁的汉娜终于结束从海德堡大学的学习，取得了博士学位。然而，当时的政治状况已不允许一个犹太博士生在德国找到工作。导师费尽心思终于帮汉娜申请到了一笔奖学金，这笔钱虽然不多，但至少能让汉娜度过欧洲最后平静的日子。第二年，席卷世界的经济危机将德国推向烈火深渊，在柏林靠着奖学金度日的汉娜和新婚丈夫君特·施特恩目睹了首都最后的繁华。然而随着失业率不断攀升，柏林夜晚的灯逐渐熄灭，那座曾经黄金一般的都市仿佛生锈的铁块，落入纳粹德国的手中。恐怖来袭时，人人只得寻求自保，与汉娜分歧愈发明显的君特在希特勒登台之前先想办法离开了德国，而汉娜却被留了下来。1933年，希特勒恐怖政策阴云密布，汉娜终于在朋友的帮助下带着母亲来到法国。在这里，汉娜结识了一批犹太逃亡者，也在此认识了她相许下半生的丈夫，海因里希·布吕歇尔。这位博学多才的诗人青睐汉娜的才华与勇气，他们分享哲学的乐趣，即使在战争当头的时刻也从未忘记对于这个世界的好奇。历尽千辛，汉娜一家终于逃离欧洲，搭船前往纽约。然而，她万万没想到，她曾经的恋人与师长海德格尔无情地背叛了那段感情。或因贪恋仕途，或因思想激进，他选择为纳粹德国服务，且与汉娜切断了一切联系。

也许如同大多数逃亡者一样，人们总愿意将纽约当成临时的居所，想着战争结束后还能回到欧洲，恢复从前的生活。这也许就是海因里希一直拒绝学习英文的原因，而汉娜也拿他无可奈何，毕竟当时汉娜自己也未曾想要在此地久居。然而总要为生存而工作，于是汉娜很快学会英文，从女佣开始做起。聘请汉娜的雇主对于这位来自德国的犹太女士感到好奇，他们惊讶于汉娜的智慧博学，一家人几乎不让汉娜做任何工作，下班之后赶回家只为了听她谈天说地。汉娜和海因里希回忆说，这家人有趣极了，觉得她无所不知——从怎么洗掉茶杯上的污渍到如何处理意志与表象的世界。也是从这里开始，汉娜逐渐融入纽约的都市生活中，成了这座流动城市中闪亮的一颗星。随着犹太移民的人数增加，纽约的犹太社群逐渐发展起来，汉娜夺回自己的笔，开始为德语和英语杂志撰稿，评判欧洲的局势，追问极权起源。

继承了海德格尔与雅斯贝尔斯哲学的汉娜·阿伦特，站在这片自由的土地上重新思考社会与人的意义。她关注极权主义之下人的伦理生活，也关注自由社会中的人际关系，在经历过两种巨大反差的社会形态之后，她比同时期的哲学家更先前一步考虑了到了个体与世界的联系。这种去偶像化的哲学观让汉娜明白，无论善恶，在某一个社会中总是所有个体共享，所有的光荣与罪孽都不能归结给某一个单独的个体，而是力量或沉默的集结，即所谓善恶平庸。也许正是因为这个原因，她认为摆脱民族、集体和国家的标签十分必要，人不因生于这个国家属于这个阶级而存在，人因爱自己生活而称之为人。

汉娜一生都在贯彻这一信仰："我这一生中从来没有爱过任何一个民族、任何一个集体——不爱德意志、不爱法兰西、不爱美利坚，不爱工人阶级，不爱这一切。我只爱我的朋友，我所知道、所信仰的唯一一种爱，就是爱人。"

战争结束后，汉娜·阿伦特无数次返回欧洲讲座、出版或领奖。再次在欧洲见到海德格尔的时候，汉娜惊讶于这位曾经风流倜傥的翩翩才子如今落寞的模样。他为纳粹服务过，他曾经极力支持反犹运动，但是这政治的坚冰终于在汉娜爱的哲学前消融了。汉娜重新拜访了海德格尔，拥抱了他和他的妻子。然而那个德国已经不再是祖父牵着她的小手走过的德国，也不再是她和海德格尔沿着湖畔走过的德国，那个战火与硝烟之后千疮百孔的国家几乎找不回那绚丽的模样。汉娜庆幸着，她这一生不曾爱过这国家或这土地，她仍能用德语思考写作，那么康德、黑格尔、叔本华就一并复活在她生命的记忆里，不论这语言背后的文明究竟经历怎样的荣辱沧桑，它已经变成她的一部分，也成为她精神世界的钢筋骨架，撑起她庞大的哲学思想帝国。回到纽约，她也为海德格尔四处奔波，恳求政治的不公与历史的残酷不要掩埋掉他的才华，这究竟需要怎样的大爱才能做到？三十年里，汉娜·阿伦特写下《极权主义的起源》、《平庸之恶》、《人的境况》等一系列学术著作，这些书稿和汉娜的藏书至今都珍藏在纽约巴德学院的阿伦特中心，伴她长眠已四十载。

上周出门，顺路去了汉娜曾经居住过的曼哈顿西区109街，河滨路370号。那幢公寓和照片上没有两样，也许已粉刷翻新过几次，看起来并不很旧。在门口徘徊了一阵，门卫大叔招手让我进来门厅，问我是不是没带钥匙，进不去家门。我摇摇头，愣头愣脑地说找人，要找汉娜·阿伦特。大叔一愣，有点结巴地说，她早不住这里了，况且都去世好多年了。我也一愣，问大叔，你知道她？

汉娜·阿伦特（1906—1975）

"可不，有人来找过。她是个哲学家吧！"

啊，可惜汉娜一直拒绝"哲学家"这个标签，她说自己是政治理论学者。

大叔又扯开大嗓门："她早不在啦！你出生晚啦！找不到啦！"

"那她住的那间屋子……"

"3C。不过你不要上去啊，那里住了人的！这样吧，你绕过去到河岸那边可以看到那扇窗户的，对不住啊，不能让你上去。"

绕到哈德逊河畔，果然可以看到第三层楼有三扇窗户。不知道门牌究竟是怎么排列的，但无论是哪一间，我也算从外面看了看汉娜·阿伦特的故居了。从她住的旧屋可以直接望见哈德逊河，这是嘈杂的纽约城一块清净的土地。然而与海德格尔所追求的清净孤独不同，汉娜·阿伦特的哲学注定要顶天立地在爱的土壤上。雪飘下来，雪雾朦胧中那扇小窗逐渐淡出视线，在纽约这座以湍流之速变幻的城市里，寻找文人故居也许并不是一个明智的选择，寸土寸金，总要给新鲜的生活提供扎根生长的机会。我深一脚浅一脚向北走去，心里感到些许安慰，原来特意来寻汉娜故居的人并不在少数，仿佛的爱与思考从未离开过这座城市，也借由文字的力量一点一滴地滋润着整个文明世界。

化繁至简：包豪斯与现代设计

很难想象，如果没有包豪斯，今天的日常生活会是怎样。

坐在宜家的布艺沙发上，滑动 iphone 阅读文章时，我们正生活在被包豪斯改造的世界里。藤条椅，马克杯，不锈钢水壶，甚至钢筋水泥的办公大楼，包豪斯的设计理念无处不在。它的哲学就如氧气一样，渗透在现代生活的一点一滴中，化繁至简，大隐于市。

包豪斯不是一个人或一种设计风格，准确来说，它是一批人所开创的一种审美基调。实用、简约、美观、实惠的设计风格在今天似乎已经成为共识，然而追溯历史至 20 世纪初期，欧洲正在它华丽庄严的城堡雕栏上迎来维多利亚时代最后的黄昏。

一战后的德国从帝国的迷梦中苏醒过来。如果一切可以重新来过，她宁愿回到没有战争的和平森林，回到只属于歌德席勒的诗歌岁月。1919 年，德意志逃离了首都柏林的断壁残垣和党派纷争，将希望寄托于图灵根森林环绕的戏剧之乡——魏玛。在这里，她试图用古老的德意志艺术治愈战争带来的伤痛。她要忘记普鲁士的残暴，她要为自己选择一个文明而和平的未来。在这里，德意志历史上第一部民主制度宪法《魏玛宪法》于同年通过并生效，德国希望借此进入共和国时代——史称魏玛共和国（1918—1933）。在今天魏玛的德国国家剧院里，依然能见到那块标志着民主时代的铜牌，上面清晰有力的字体写道：1919年8月11日，德意志公民代表大会于此幢建筑通过魏玛宪法。铜牌的设计者正是包豪斯学院的创始人，沃尔特·格罗皮乌斯（Walter Gropius）。

格罗皮乌斯为这所带着理想和民主信念的学校取了个朴素的名字——包豪斯（Bauhaus），即 house of building，字面意思是"建筑之家"。然而包豪斯并不限于做建筑设计，从平面设计到家具设计，从建筑设计到城市规划……包豪斯的内涵包罗万象，可以说，它设计"设计"。格罗皮乌斯希望这所学校能够继承德意志古典艺术的精益求精，同时能发扬工业化时代简单实用的优点。正如魏玛之于德意志的寓意一样，德意志要在历史中寻找新的生命力，而包豪斯要追溯材质色彩形状的本源，以朴实为创新，以简约为时尚。这些理念直到今天也未曾过时，风靡全球的日本设计（如无印良品 muji），北欧设计（如 Hay）乃至纽约曼哈顿城市规划，无一

包豪斯学院

不是根植在包豪斯开辟的现代主义土壤中，发展壮大。在已步入后现代主义的今天，简约成了一种品质与格调的代言，从饮食到衣着，从装潢到工作流程，生活中处处渗透着包豪斯的哲学。

然而，包豪斯学校的存在时期并不长。从 1919 年到 1933 年，包豪斯与魏玛共和国短暂的生命一样如同昙花一现，却璀璨缤纷。魏玛宪法为德国奠定了民主宪法大纲，在今天德国基本法中依然可见踪影，而包豪斯的审美哲学也从根本上改变了整个世界。

在包豪斯之前，设计是贵族的专属特权。仿佛越是复杂华丽的花纹，越是厚重浓郁的色彩，才越能表现宫廷王室的尊严和财富。游历欧洲，我们惊叹于天主教堂恢宏的哥特式结构和奢华的镂空廊柱，感叹于皇家宫殿巴洛克风情的礼拜堂和雕花屋顶，甚至是贵族宅邸的天鹅绒躺椅和金缕流苏都让人感到贵气十足。然而一战之后的德国受够了君主的野心和狂想，在机械化相对普及的 20 世纪，共和国将人民话语权归还给人民。在这种时代背景下，包豪斯的创立者和教授们希望设计能够为整个时代服务：让普通人也能享有方便舒适的生活吧！

若是想让旧时王谢堂前燕飞入寻常百姓家，最重要的是关注物件的功能，降低生产成本。对于战后面临巨额赔款的德国人来说，满足基本生活需求成了设计的第一前提。去掉繁复的花纹和线条，只保留事物的基本功能；追求材质本身的模样，不用木头去仿制金属，不用丝绸去模仿皮毛；以退为进，包豪斯的著名设计师路德维希·密斯·凡德罗率先喊出口号：少即是多（less is more）。在这三大原则的指导下，大量线条，纯色和几何图形在包豪斯的设计中得到广泛应用。这个时期，一系列简约化的工业设计品应运而生，如密斯设计的钢管椅，依然热销至今。在建筑上，包豪斯的理念更是展现得淋漓尽致。房间被包豪斯的设计师解释成为"居住空间"，是一个应以居住性和舒适性为第一前提的"盒子"。去除掉雕花纹路，窗明几净的现代居住楼拔地而起，在钢筋结构和玻璃材质的支撑下，摩天大楼的构思蓝图也由此奠定基础。

想要简约并不容易。让几条简单的钢管支撑起身体的重量，又要保证使用者舒服安全，这都是包豪斯学生们面临的挑战。为了攻克这些难题，格罗皮乌斯要求包豪斯的学生和教授既能做设计师，又能做手艺人，还能扮演购买者。这就要求学生能够从多重角度来考虑一个设计的实用性，可造性和市场价值。同时，因为材料的多元化和产品的市场化，包豪斯的学生对色彩心理学，物理学，及人体工程学都要有一定的掌握，这也无疑从侧面推动了物理学和工程学的进步，让工业在理论层面再次和科学结合起来，创造更舒适的使用体验。

可惜好景不长，纳粹一直把倡导民主与自由设计的包豪斯视作眼中钉。1933年希特勒上台后，包豪斯被勒令解散，教授和学生只得四散离开，不少人因身份原因背井离乡，逃往美国避难。希特勒憎恨包豪斯的哲学，却热衷于包豪斯的设计。在他所畅想人人有房住，人人有车开的第三帝国，包豪斯式的建筑物和工业设计的确能满足人民的日常需要。历史在这一瞬间看起来矛盾而伤感：躺在包豪斯式钢管长椅上的希特勒，下达了驱散包豪斯学院的指令。

离开德国的设计师们为了生计奔赴美国。这批设计师在美国得到重用，并将工业化、简约实用的理念渗透在新兴的大都会中。如今纽约曼哈顿下城区摩天大厦林立，午后阳光刺眼，钢筋玻璃辉映下整个城市如钻石璀璨。包豪斯学派在纽约的代表作之一——西格拉姆大厦（Seagram Building），其本身是一个钢筋架子而非实体承重墙。走近观看，我们注意到它整个楼体是用玻璃构成的，通透直白，又威严传奇。通过直白的线条，透明的材料和近乎完美的几何图形，包豪斯风格在今日的纽约几乎随处可见。自然历史博物馆的天文台，纽约现代艺术博物馆（MoMA）的陈列设计，乃至纽约上城区色彩分明的居民楼……美国的设计师和建筑师们继承了这一基调，并又将它带回了战后的欧洲和亚洲。二战结束后，欧洲亚洲古老的城市在战火中化为瓦砾。大规模的重建工程迫在眉睫。寒风瑟瑟中，人们迫切的需要快速能建成的居民楼和廉价的生活物品。包豪斯的设计再次体现其优势——钢筋水泥材质的房屋快速建成，生活必需品投入规模生产。

廉价不意味着凑合，生产效率高不意味着质量差，作为拥有古老文明的亚洲和欧洲居民，战争摧毁了城市，却无法摧毁历史文明留在城市的品位。包豪斯的设计虽然简约，却不失品质，在现代工业设计的氧气中，欧洲亚洲以惊人的速度复苏过来，准备在废墟之上寻求新的发展空间。对于德国来说，包豪斯意味着往昔的骄傲与德意志文明的延续。在西德，大量流亡英美的包豪斯学生教授被召回，重建包豪斯学院。作为民主和自由设计的代表，包豪斯的设计风格为西德战后经济奇迹增添了耀眼的一笔。而在东德，位于魏玛的原包豪斯学院也找回曾经任职的校长和教授，重新开课。"为人民设计"的理念亦成为东德包豪斯的原则，继续发扬它简单实用的特点。社会主义风格的建筑在今天的新联邦州依然常见，走进这些建筑，我们很容易联想起儿时居住的筒子楼和部队大院，甚至连弥漫在楼道里的油烟味都有祖母家的味道。也许，在1949年之后我国兴建的大批建筑也正是以在东德包豪斯的设计为灵感吧。

包豪斯的时代已经过去将近半个世纪。在设计的世界中，我们应当铭记经典，却绝不止步于此。时代在改变，科技在进步，工业设计自然也不会仅仅停留在包豪斯所勾勒的线条世界里。如今，更加注重建筑情感和时代理念的后现代主义已经成为主流，中产阶级又重新倾向于私人订制的设计风格，偶尔也会怀念四合院的藤椅，祖父的红木书桌，或是偏爱欧式风格的吊顶和水晶灯。也有人愈发求简，寻求绝对单一的纯色设计或"空无一物"的空灵感。日式枯山水的禅意，北欧雪原神话的神秘，中国古老图腾的隐喻……我们将民族与个性写进线条与色彩中，又将它归于日常和平淡。在今天，生活方式已经成为私人签名，一器一物，一举一动，都足以读出一个人的品位与格调。这与财富无关，只是设计变成了一件相对个人的事。在包豪斯开辟的这片现代艺术土壤中，我们每个人都受着它润物无声的影响；而在继承了包豪斯理念的后现代主义中，我们每个人都是缔造者。在这个追求特色的时代里，包豪斯单调的设计也经常被批判过时，然而，也正是在讨论与完善中，当代设计才更加贴近生活，而生活则变得更有质感。

密斯设计的钢管椅

在水一方：德国博物馆学与柏林博物馆岛

智者乐水，仁者乐山。千百年前孔子对智慧与仁厚的体会，如今放在大陆彼端的莱茵河畔似乎也代入感十足。在水系丰富的波德平原上，不少著名的博物馆正是依河而建——慕尼黑伊萨尔（Isar）河畔的德意志博物馆（Deutsches Museum），柏林施普雷（Spree）河中心的博物馆岛（Museumsinsel），法兰克福美因（Main）河畔的博物馆岸（Museumsufer）……温润的河水守护着人类智慧的宝库，不舍昼夜。德国人整理、收藏的嗜好举世闻名，如今在德国已建成大约6250间博物馆，每年接待访客过亿。"青山行不尽，绿水去何长"，看不完的博物馆也已经成了当代德国文化的一部分。

博物馆（Museum）的起源要追溯到古希腊时代，那时人们称为缪斯女神（Muses）建起的庙宇为Mouseion，后来在拉丁语中演化成Museum一词，今天的德语、英语、荷兰语里Muesuem都指代博物馆，是收藏和展示历史文物及艺术品的地方。基督文明兴起之后，欧洲的社会层级分化愈发清晰，王公贵族生而富贵，谈笑鸿儒；平民百姓一辈子面朝黄土，不登大雅之堂。可想而知，在这段时间内博物馆是只有贵族才能出入的场所，极尽富丽堂皇，收藏品包罗万象。直到近代，博物馆才对公众开放，成为城市文化重要的组成环节。

也许是天性使然，人类对收集有着本能的热情。时间流逝，技术扩展，先人们攒下的记忆碎片已经堆积成山。堆砌的信息只会被时间再次遗忘，只有形成有效的检索模式，祖先留下的遗产才能成为追溯历史文明的宝贵资源。要怎样整理、归纳这些珍藏的文物、标本才能形成有效的知识系统，这成了中世纪欧洲学者面临的一大挑战。

16 世纪中叶，拜仁公爵阿尔伯莱希特五世雇佣住在比利时的作家萨缪尔·奎西伯格（Samuel Quiccheberg）为私人艺术顾问，负责管理公爵家族在慕尼黑的艺术仓库。管家热情地接待了远道而来的奎西伯格，在他抵达慕尼黑当日就为他展示了伯爵庞大的收藏品。本以为客人会如同所有来访者一样对藏品大加赞赏，没想到处女座的奎西伯格对着凌乱无章的仓库已是欲哭无泪。如此精美的艺术品，却疏于管理照料，落得灰头土脸铜绿攀墙，成何体统？就这样，奎西伯格开始了对贵族收藏的整理工作，并将整理经验与思考写成文献，印制成书。自奎西伯格始，收藏品管理成为贵族世家中不可缺少的职位，而由此也奠定了博物馆学（Museology）的基础。博物馆学如同是课本的撰写者，它负责梳理、整理人类已获取的自然、社会知识，以我们能够读懂的方式呈现出来。博物馆与博物馆学将我们捧上前人的肩膀，憧憬星辰大海似乎近在咫尺。

在奎西伯格创立博物馆学三个世纪后，另一位德国艺术史天才将这门学科发扬光大。在德国博物馆史上，威廉·冯·博德（Wilhelm von Bode）的大名不可不提。这位眼光独到、智慧果断的鉴赏家被托马斯·曼称为"博物馆强人"。

1845 年，威廉·冯·博德诞生在德国中北部宁静宜人的城镇马格德堡。随着父亲升迁为布伦瑞克司法局局长，博德一家迁往新居生活。生于官宦之家，小威廉的仕途之路在他出生之前就已经被确定下来——在布伦瑞克好好读书，考入哥廷根大学读法律，然后如祖父和父亲一样进入政府部门做一名官员。然而在哥廷根时期一场大病将整个计划打乱，抱病在床，威廉无法按时出勤上课，只能在翻书阅读度日。在这段时间，威廉对美术史产生了极大的兴趣，病情稍有好转就要去美术馆参观，家人朋友都拿他没有办法。病愈之后，威廉按课程要求在布伦瑞克法庭见习，机缘巧合，与当地的公爵贵族结为好友。公爵赏识他的才华与眼界,就将家族收藏品的管理工作委托给威廉,并为他提供机会拜访荷兰、比利时及意大利的博物馆和其他私人收藏。游历欧洲众多博物馆之后,威廉决心放弃法律学习,将全部精力放在对美术史和考古学的钻研上,立志成为一名艺术鉴赏家。

威廉的决定让父亲颇为失望,但儿子决心已定,而且有布伦瑞克的公爵支持,家里只得答应送威廉去柏林学习。来到柏林之后,威廉如鱼得水。凭借独到的眼光,威廉·博德的名字很快传进普鲁士王宫,皇太后见年轻人稳重果敢,于是聘他做皇家艺术顾问,负责管理皇家收藏品。1905 年,博德就任德国皇家博物馆馆长一职,对博物馆的每一项工作事必躬亲,像照料自己的孩子一样守护着柏林市中心的皇家馆藏。1914 年,威廉二世为表彰博德对皇家的贡献,赐他贵族称号,在名字里加上了一个"冯"(von)字。

在博德看来,柏林的博物馆不仅仅是皇家收藏品的集中地,更是德意志民族的智慧结晶。在普鲁士统一德国后三十年,这个年轻的国家太需要文化自豪感作为民族凝合剂。晚年博德久病虚弱,病痛折磨着他的身体,可他的头脑却一如既往的清醒,多年的学习工作让他对这个国家每一件艺术品都如数家珍。据说,有一次有位公爵要将领地上的两座木碑卖给卢浮宫,博德深知这两块碑的艺术价值,决不能轻易出售给法国。于是他忍着病痛前往皇宫，当面向威廉二世陈述了这两件文物的历史意义。为了保住公爵的面子，也不得罪法国当局，博德在信里写道："陛下珍视这两块木碑，希望能将其捐入新建成的弗里德里希·威廉博物馆。"巧妙地阻止了国家文物被法国收购。

不仅仅是对本国文物的守护，博德对于海外文物的鉴赏力同样卓越。在担任德国皇家博物馆馆长期间，博德在资金短缺、社会舆论压力巨大的条件下，坚持为德国建成第一座东亚博物馆（亚洲艺术博物馆，Museum für Asiatische Kunst），正是这种不妥协的坚持让他获得了"博物馆界的俾斯麦"的称号。博德管理下的东亚博物馆将经由丝绸之路贩售和战争掠夺而来的文物归置在国家统筹之下，修复归档，力图避免这些来自亚洲的艺术珍品流落民间而遭受灭顶之灾。如今拜访欧美博物馆，每每行至亚洲馆区时心情总是很复杂——历史的纠葛就这样赤裸裸的呈现在橱窗之内，让人措手不及。然而博物馆与博物馆学无罪，战争遗留的罪责不应由文物修缮者来承担。默默走过那一尊尊慈悲的佛像前，只愿怨恨没有轮回。

1929 年，威廉·冯·博德在柏林去世。他留在柏林的巨大博物馆群为这座历经战火与鲜血洗礼的城市保存着最后的理智。为纪念这位杰出的博物馆学大师，德意志民主共和国于 1956 年以他的姓氏为博物馆岛上那座最精美的建筑命名。今天，博德和他的博物馆岛已成为柏林最亮丽的风景之一，迎四海，存千秋，人来人往。

后 记

2013 年离开德国之后又多次辗转于纽约、伦敦、香港、北京与柏林之间，写完这本书的时候并不在德国，而是在曼哈顿上城区一座冬天也把冷气开得嗡嗡响的图书馆里。在这些年旅居的城市中，德国的小镇大概才是最具"欧洲感"的地方。时间在那里变得粘稠，情感在那里变得隆重，思绪也可以塑成千万种模样。

在这千万种我认识的德国中，有的特别可爱，有的特别可气，有的让人迷惑不解，有的让人哭笑不得，也正是因此总是认为用一个词语来概括这个有着诸多传奇历史的国家是件相当残酷的事。在德语区缓慢的行走中，发现有太多的事情与想象大相径庭：倒下却未曾消失的柏林墙、暗流涌动的德国政坛、复杂的人口解构与社会政策、危机四伏的欧元与欧盟、盲目乐观的再生能源政策……我想要写下这些无解的故事，写给过去那个固执的自己，也写给未来那个随时准备回首历史的我们。

历史应该是有温度的。当我们踏入历史湍流中，或温暖，或冰冷，那便是我们所见证往昔荣耀与绝望的时刻。德国的历史并不温和，从烈火到极寒，这个命途多舛的国家似乎都经历了太多次。同样历经风雨的我们也有太多的问题要问，可风雨交加浪涛拍岸，听不清历史的答案。从舒曼的咖啡厅到克虏伯的钢铁帝国，从琴瑟和弦到炮火轰鸣。或许非要循着声音摸索到彼端去看一看，才能知晓点滴。

这本书的写作是偶然也是必然。循着历史的足迹旅行，总有"哀吾生之须臾，羡长江之无穷"的感觉。万卷书万里路之后，对历史的敬畏之感驱使着我用笨拙的笔触捕捉那稍纵即逝的磅礴。幸而有父母家人的陪伴，将一个个遥远的故事变得不再遥远。也感恩这一路友人的鼓励，让一段段平凡的旅程变得精彩。写作的过程中，感谢周国平老师耐心的指导，感谢社科院周弘老师、胡琨老师、杨解朴老师的推荐，感谢上海人民出版社的赵伟老师和诸位编辑老师的督促与帮助让这本书得以付梓。这是一个起点，愿它能注入遥远的汪洋。

在这个信息交流发达的时代里，不敢期望这本薄薄的小书能给多少读者带来德国的新鲜感，只是希望诸位在想象德国或行走于德语区的时候多在历史里寻个"为什么"。此时与彼时，此端与彼端之间绝非直线相连，坐拥历史财富而享以为然，何尝不是一种奢侈？

　　十分惭愧，由于阅历有限，这本书只能为读者展现德国文化冰山中的零星一角。如果它让你对那个刻板又多彩的德国产生些许疑惑，或是有机会成为你带去德国的那一本，那便是它莫大的荣幸了。

图书在版编目(CIP)数据

行思德国:莱茵文化的精神肖像/向南著. —上
海:上海人民出版社,2017
ISBN 978-7-208-14589-4

Ⅰ.①行…　Ⅱ.①向…　Ⅲ.①文化史-研究-德国
Ⅳ.①K516.03

中国版本图书馆 CIP 数据核字(2017)第 157591 号

特约编辑　赵　伟
封扉设计　梁依宁
版式设计　陈绿竞

行思德国
——莱茵文化的精神肖像
向　南　著

出　　版　上海人民出版社
　　　　　（200001　上海福建中路 193 号）
发　　行　上海人民出版社发行中心
印　　刷　上海华业装潢印刷厂有限公司
开　　本　787×1092　1/32
印　　张　10.25
插　　页　2
字　　数　175,000
版　　次　2017 年 9 月第 1 版
印　　次　2018 年 3 月第 2 次印刷
ISBN 978-7-208-14589-4/G·1856
定　　价　38.00 元